*À Lucie Sentjens,
dont l'œil acéré et la langue incisive m'ont appris ce qu'est la sculpture.*

30 ans de Vagabondage Artistique

Claudine CAMBIER

© Claudine Cambier, Bruxelles, février 2018

Tous droits réservés.

ISBN : 978-2-930804-39-2

Crédit photographique : Yves Henry de la Lindi (1ᵉ couverture), Marie-Charlotte Bertin (4ᵉ couverture)
Claudine Cambier et Pierre Legrand (pages intérieures)

Courriel :
contact@claudine-cambier-sculptures.be

Table des matières

UNE AUTOBIOGRAPHIE 9
PORTRAITS 13
   1. Portraits d'après nature ou d'après photo 15
   2. Personnages de la saga CINQUECENTO 23
SCULPTURES ANIMALIÈRES 35
   1. Bronzes et métaux 37
   2. Terres cuites cubistes 47
   3. Autres terres cuites animalières 55
   4. Pierres tendres 63
SCULPTURES FIGURATIVES 71
   1. Bronzes 73
      Vie 75
      Soleil couchant 79
      Inspiration 83
      Doute 87
   2 Terres cuites. 91
   3. Autres matériaux Bois Pierre Divers 105
OBJETS DE DÉCORATION 117
   Lampes et «Chiffonis» 118
   Jeu d'échecs 120
   Vases 122
   Sculptures murales 124
   Animaux divers en terre cuite émaillée 126
ACTIVITÉS LITTÉRAIRES 129
INFORMATIONS ET PRIX 133

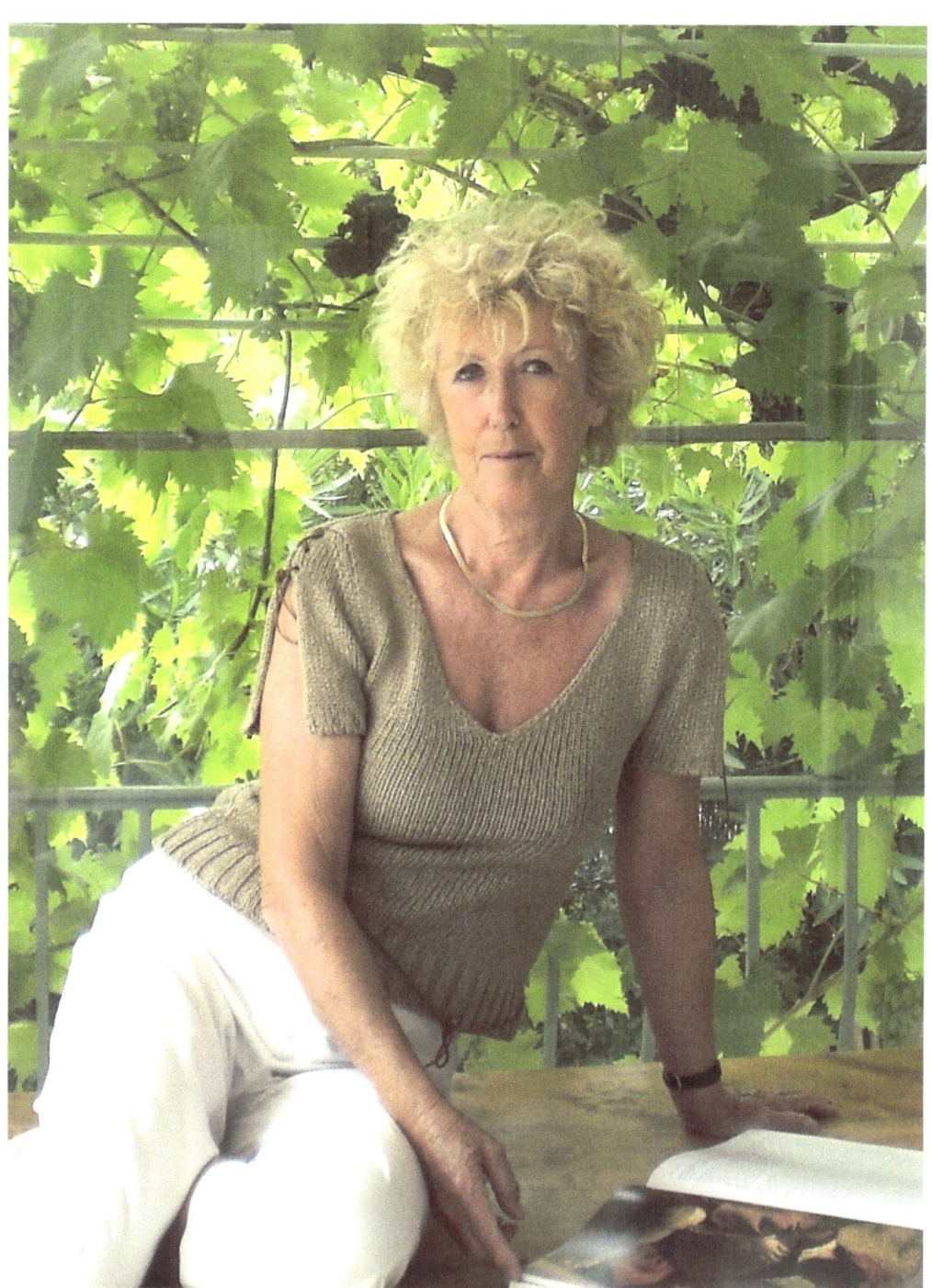

UNE AUTOBIOGRAPHIE

J'ai toujours dessiné. Cela commençait par les allées du jardin, des cubes en transparence, des oiseaux, ma grand-mère...

Mais comme il fallait être sérieux, je fis des études classiques couronnées par un diplôme universitaire et j'enseignai bientôt le rationnel à travers le Français et la dissertation, le beau à travers la Littérature, l'humain à travers l'Histoire, et la méthode en toute chose.

Cependant, rebelle à toute forme d'enfermement, je m'évadai du monde enseignant, voyageai un peu dans la jungle des affaires pour me retrouver dix ans plus tard devant des classes de préadolescents, mais avec plus de distance et de temps libre. Et puisque j'enseignais l'ordre dans la journée, il fallait bien que le soir, je m'abandonne à mes pulsions de touche-à-tout.

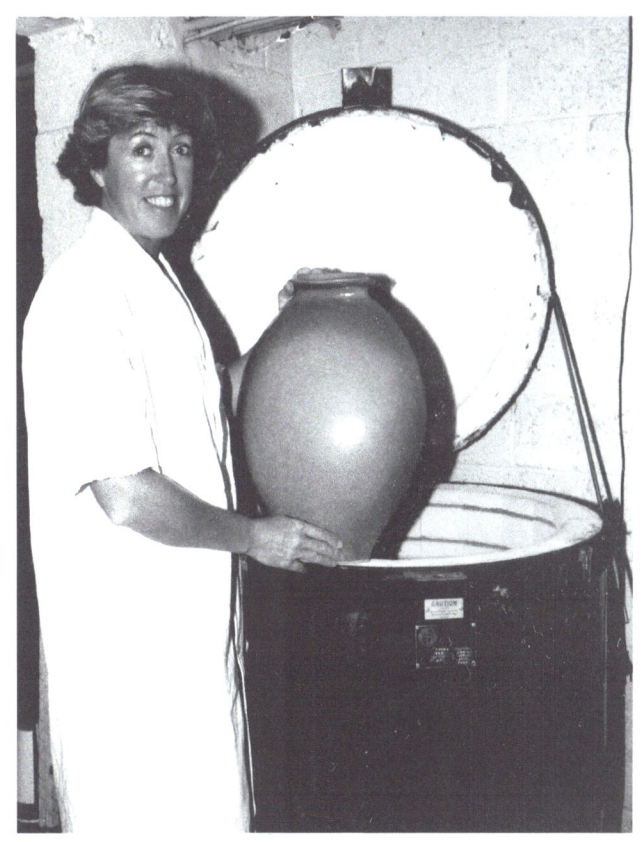

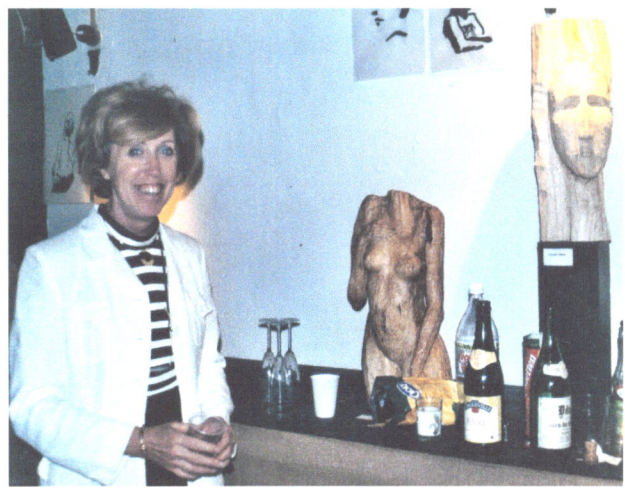

Au vernissage à l'Académie d'Ixelles en 1996

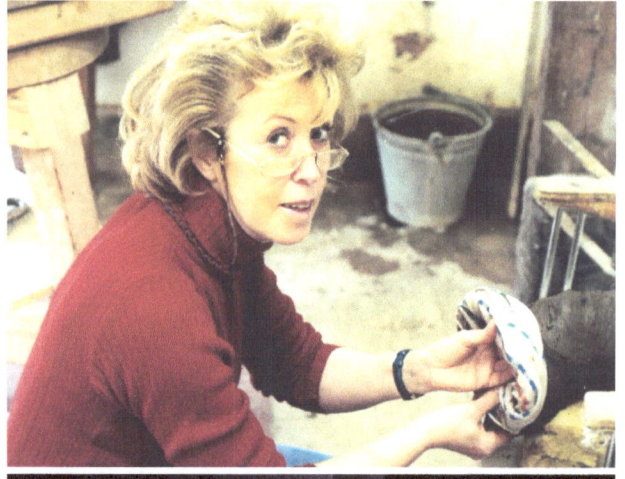

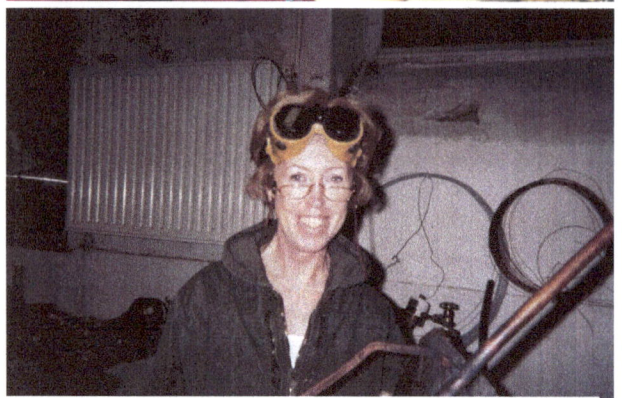

À l'Académie d'Ixelles en 1997

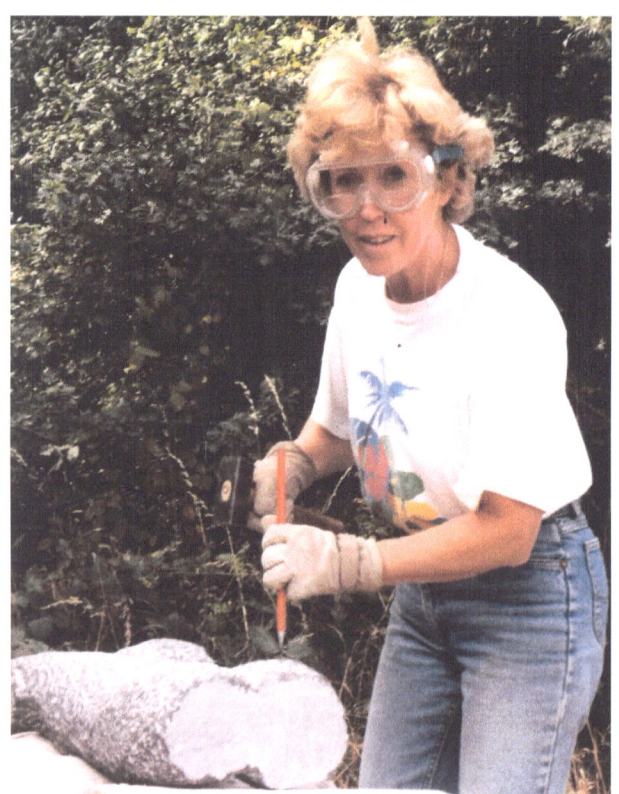

Lors d'une Académie d'été à Sprimont en 1998

J'avais déjà touché la terre à mes heures perdues ; aussi, je m'inscrivis à des cours du soir en Académie des beaux-arts, à Bruxelles où j'habitais. Je commençai par celle d'Uccle, où je pratiquai la céramique avec Patrick Picarelle, étudiai le dessin et la peinture, notamment dans l'atelier de Dirk Vonck, maniant successivement l'ébauchoir et le crayon, le fusain, le pastel, la plume, peignant à l'aquarelle ou à l'huile, travaillant la nature morte, le paysage ou le modèle vivant. Je désespérai mes professeurs d'art graphique, qui me reprochaient de ne pas fournir de travail suivi, en quoi ils avaient mille fois raison, mais ils me demandaient l'impossible. Je me désespérai à mon tour et revins à la terre, en sculpture, dans l'atelier de Jean-Nicolas Craps.

Je choisis par la suite d'évoluer vers l'Ecole d'Art d'Ixelles, dans l'atelier de Lucie Sentjens qui, outre le modèle vivant travaillé en glaise, m'orienta vers de nouvelles matières : le bois, le plâtre, le fer soudé, le cuivre martelé, la pierre, sans oublier la cire en vue du bronze, avec des notions de moulage. Ces nouvelles matières permettaient d'aborder de nouveaux thèmes et conduisaient naturellement vers l'interprétation et l'abstraction. Cet apprentissage varié et exigeant était complété par des cours d'histoire de l'art contemporain, toutes choses qui forcent à élargir et aiguiser le regard, tout en offrant un océan à explorer.

Aujourd'hui, installée depuis une décennie dans le pays d'Uzès, mon travail s'écarte résolument de l'académisme, trouve de nouvelles sources d'inspiration dans le monde animal, qu'il essaye d'interpréter selon des styles différents proposés et encouragés par Alexandra Lamarque : cubisme et rondeurs viennent compléter les anciens étirements. Je suis surtout attirée par l'expression de l'instant, du corps en mouvement ou en déséquilibre, et aussi par le visage humain dans la mesure où sa représentation réaliste permet aussi l'expression du caractère.

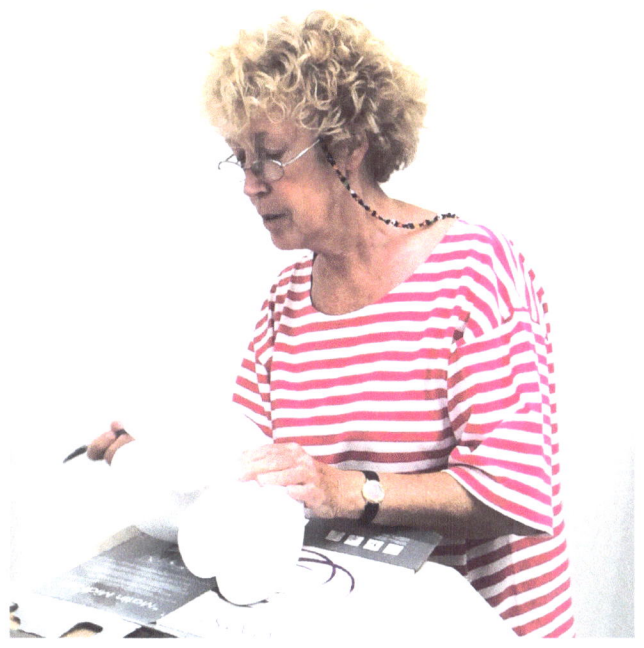

Proust parlait des intermittences du cœur ; moi, je parle de vagabondage artistique. Il m'arrive d'abandonner pour un temps la sculpture pour l'écriture : raconter le sort d'un tableau de Titien, offert en 1514 à la belle Laura Bagarotto par le Grand Chancelier de Venise m'a pris sept ans d'immersion dans la Renaissance Italienne et un important travail d'écriture appuyé sur les recherches historiques de Pierre Legrand. Il en résulte une saga en six volumes publiée sous le nom de CINQUECENTO et dont les personnages ont nourri ma galerie de portraits. Dans mes intermittences à moi, je pars au loin, je reviens avec un roman policier historique ou un carnet de voyage, mais quand j'écrase un pain de terre sur ma selle de sculpteur, mes vagabondages prennent pour un temps les couleurs d'une passion.

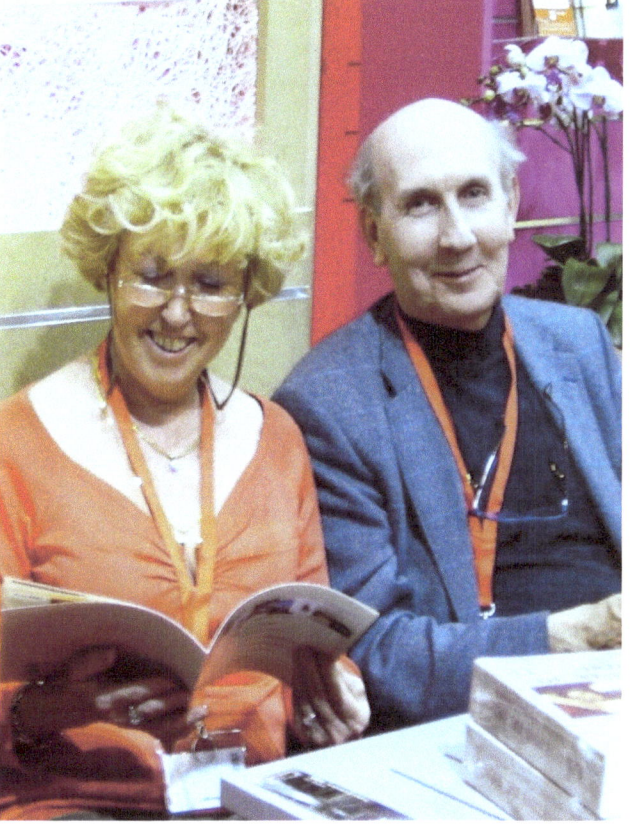

Avec Pierre Legrand, au salon du livre de Genève en 2011

PORTRAITS

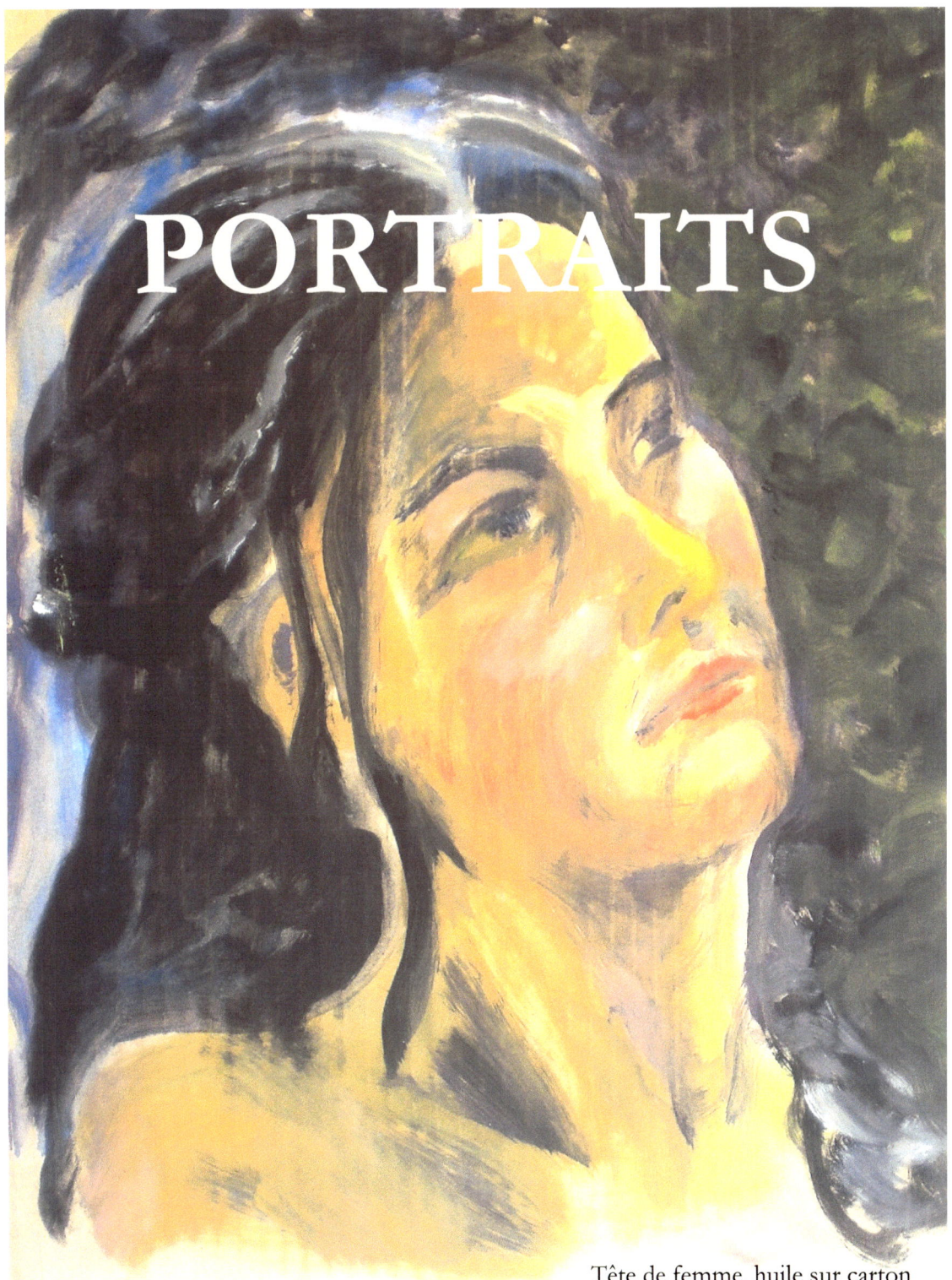

Tête de femme, huile sur carton

1. Portraits d'après nature ou d'après photo

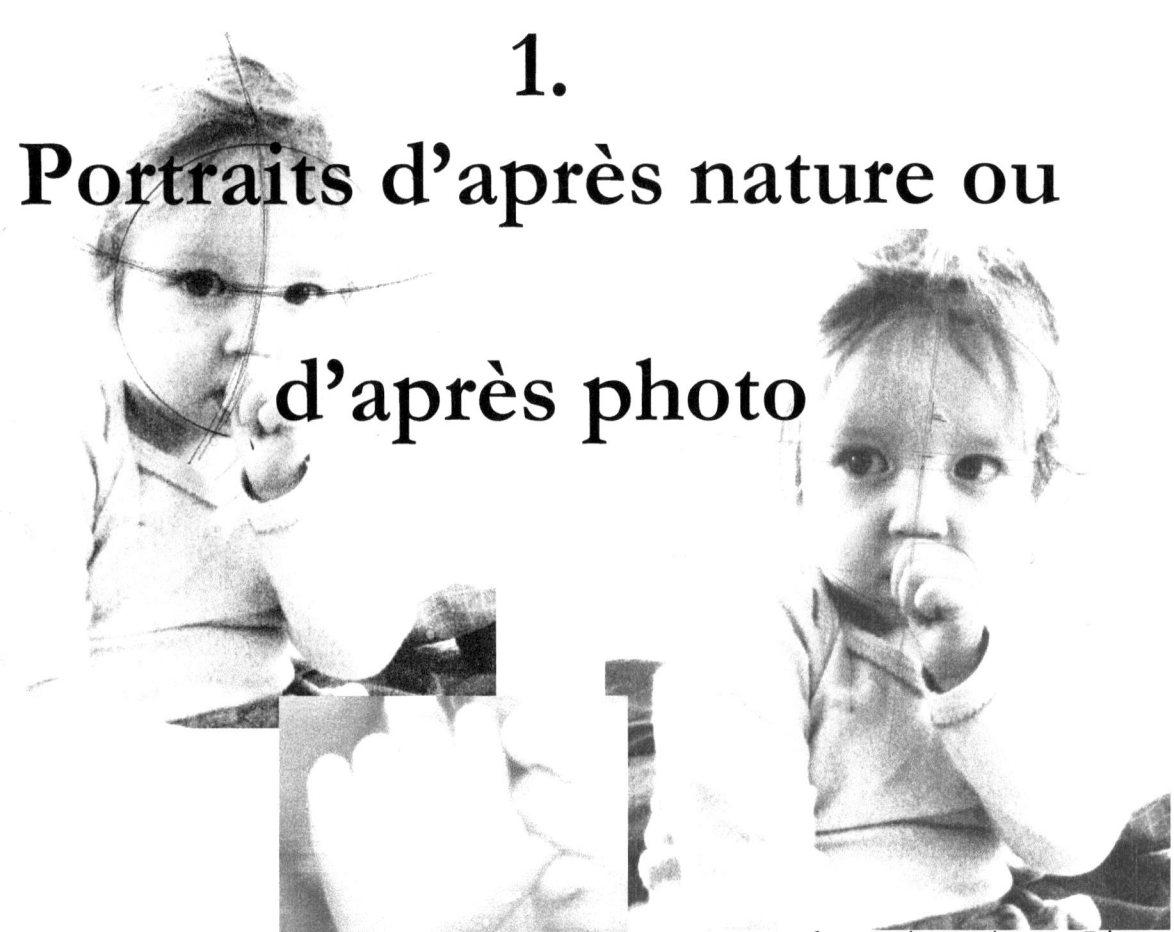

photo préparatoire au « Rêve »

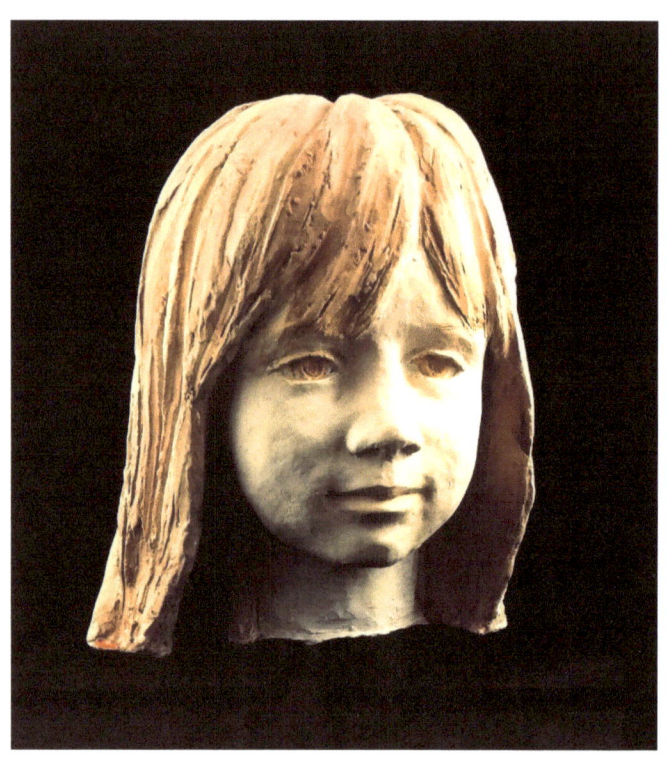
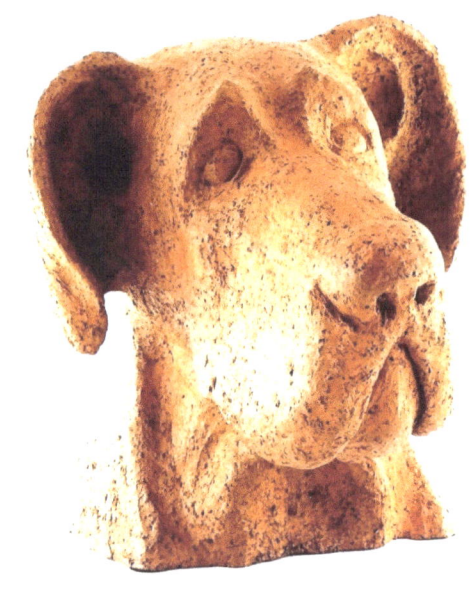

Chloé
Plâtre patiné
27 x 24 x 25 cm. 4,4 kgs. Prix C

Portrait du chien Zorro
Terre cuite, pièce unique
24 x 23 x 30 cm. 3,4 kgs. Prix C

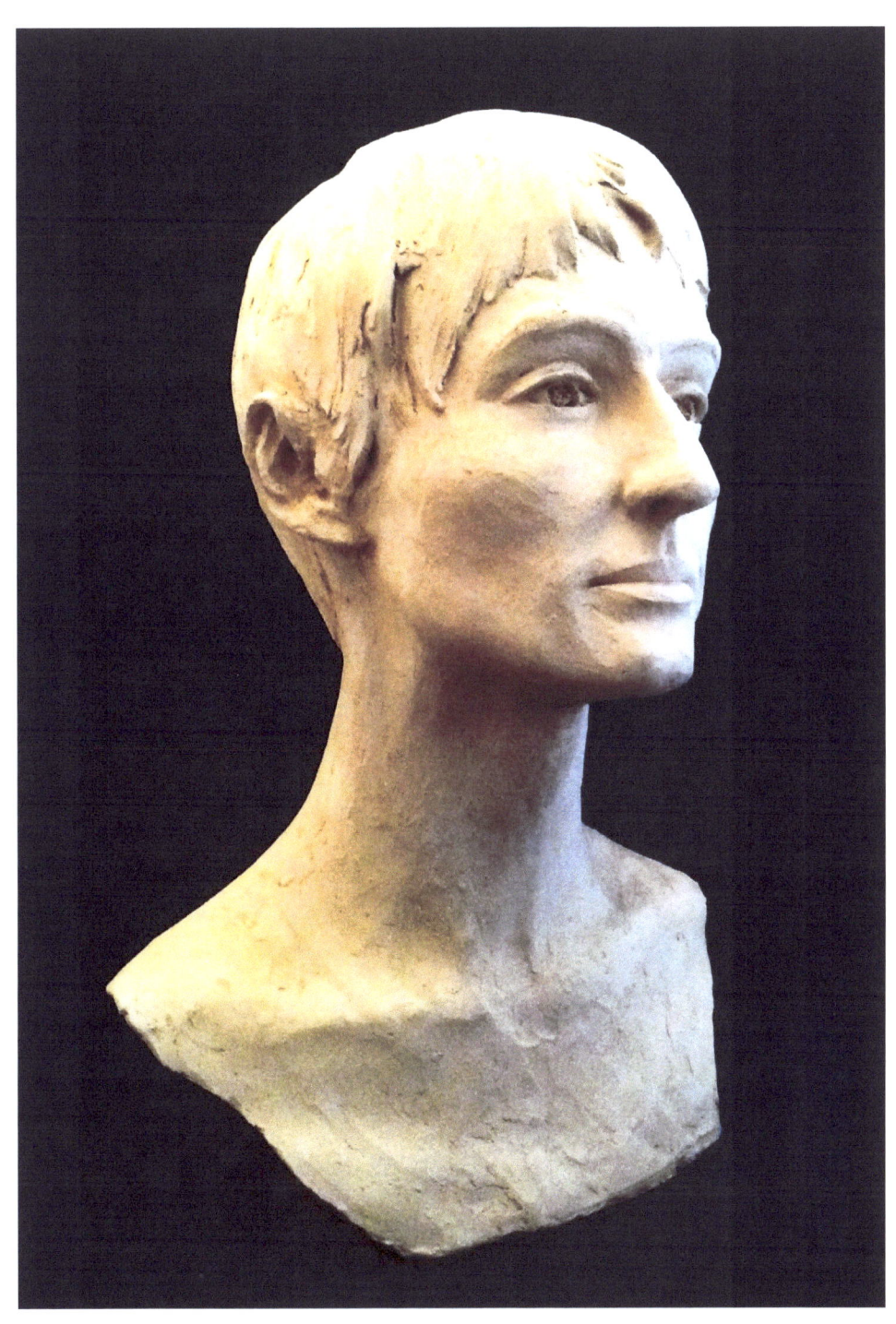

Caroline
Terre cuite, pièce unique
50 x 25 x 35 cm. 9,2 kgs. Collection particulière

Frédéric
Terre cuite, pièce unique
40 x 20 x 25 cm. 8,4 kgs.
Collection particulière

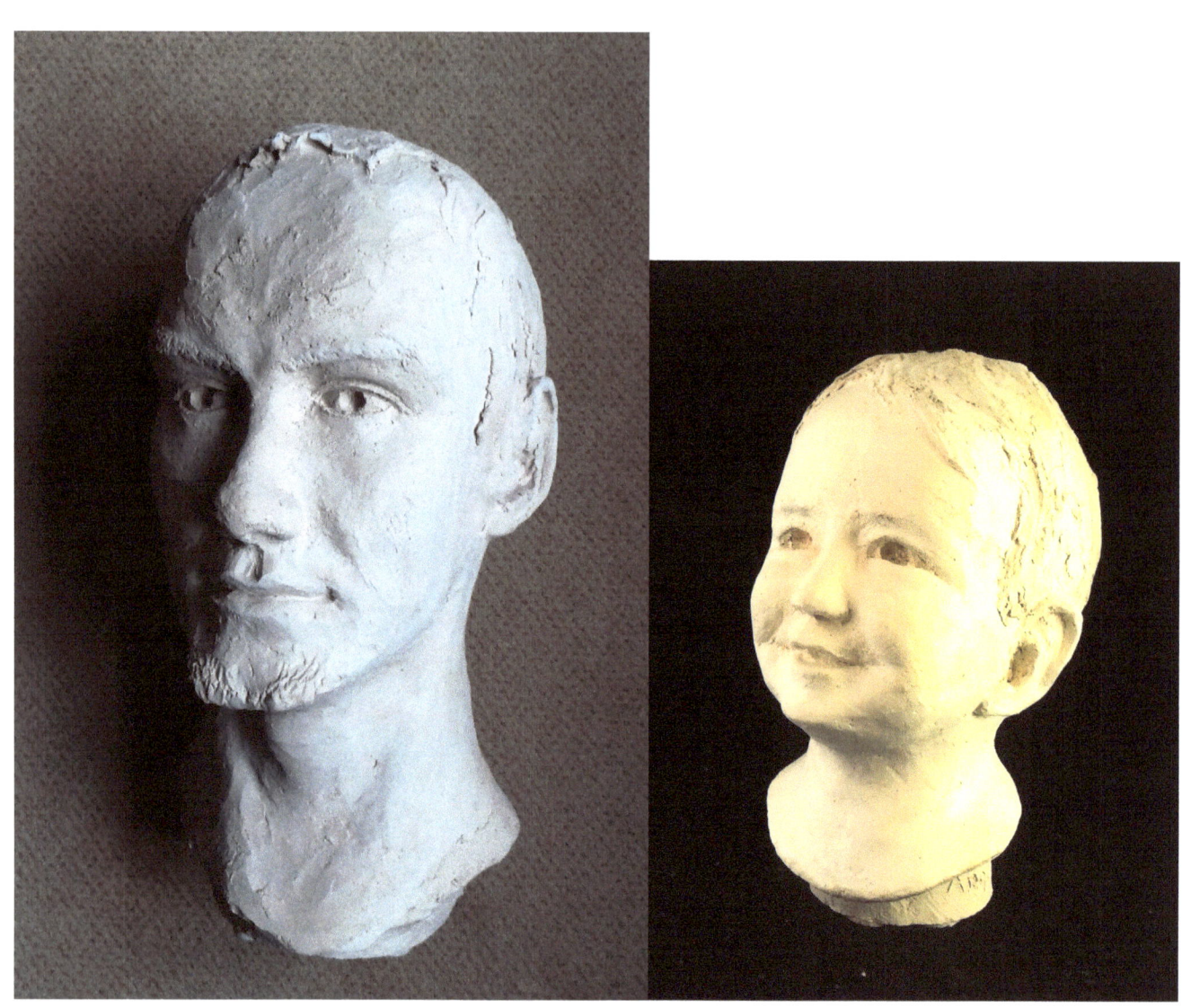

Angèle à dix mois
Terre cuite, pièce unique
27 x 20 x 25 cm. 2,6 kgs.
Collection particulière

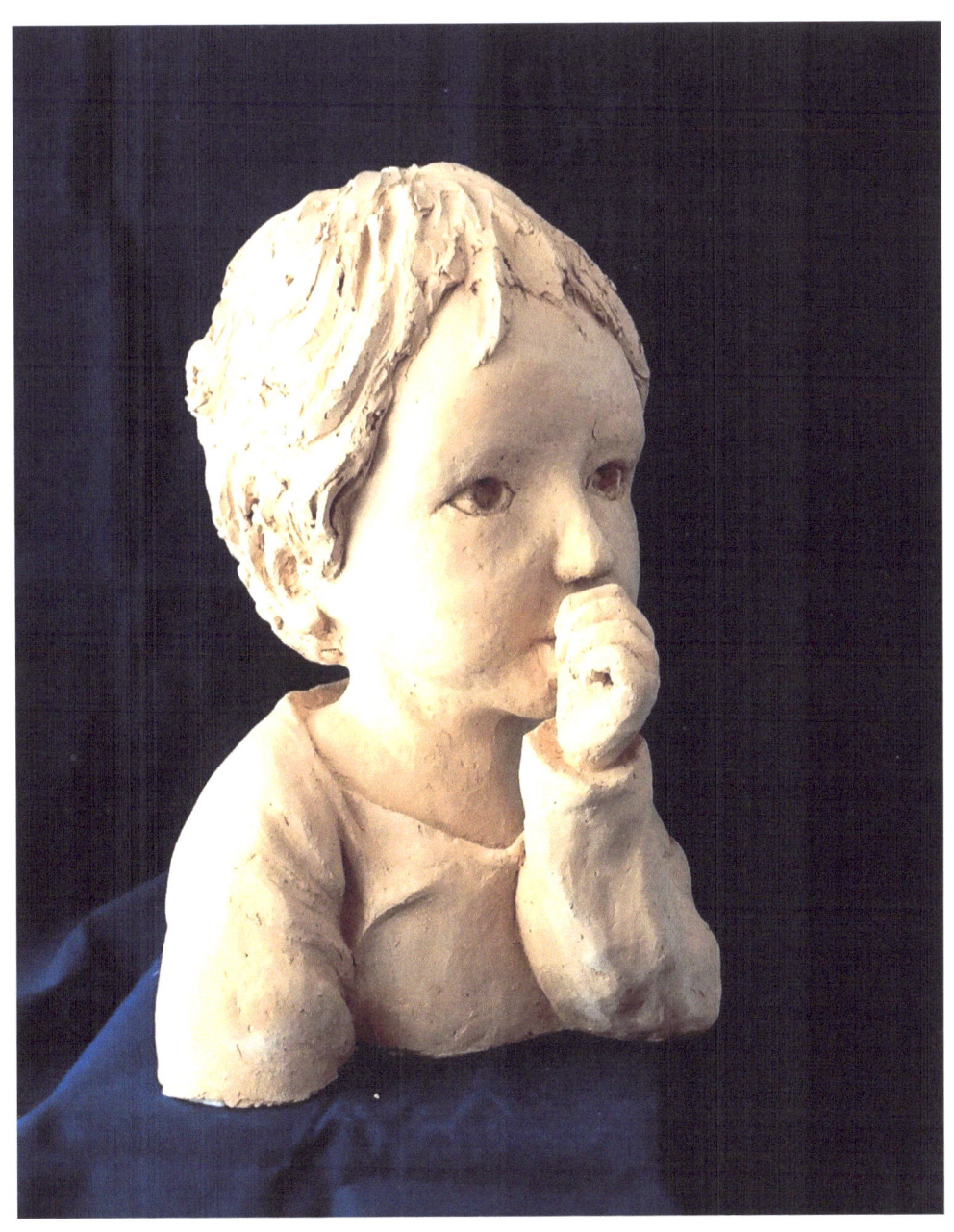

Le rêve
Terre cuite
30 x 22 x 25 cm. 4,5 kgs.
Collection particulière

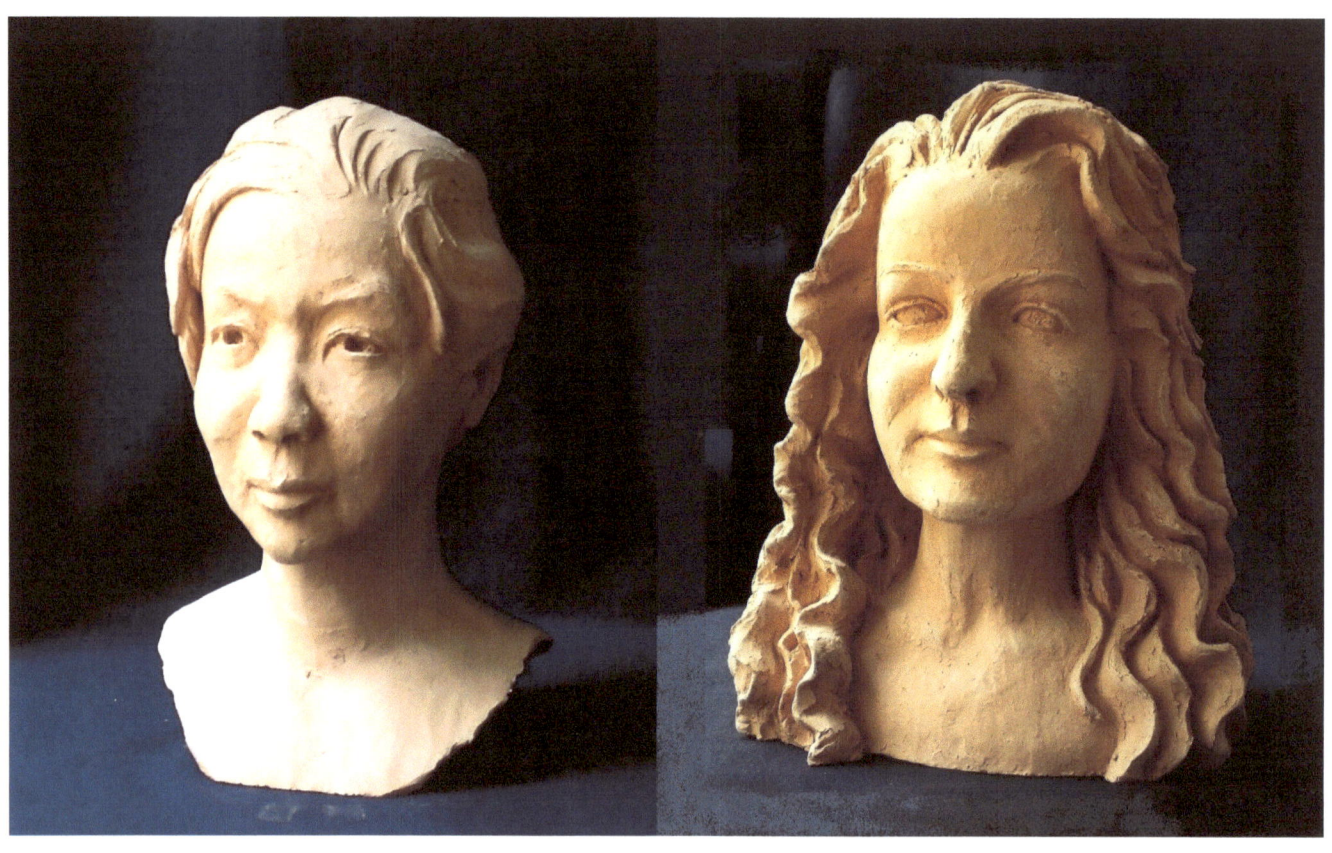

Madame Nguyên
Terre cuite, pièce unique
40 x 23 x 28 cm. 8,2 kgs. Prix C

Nathalie
Terre cuite, pièce unique
38 x 34 x 29 cm. 9,4 kgs. Prix C

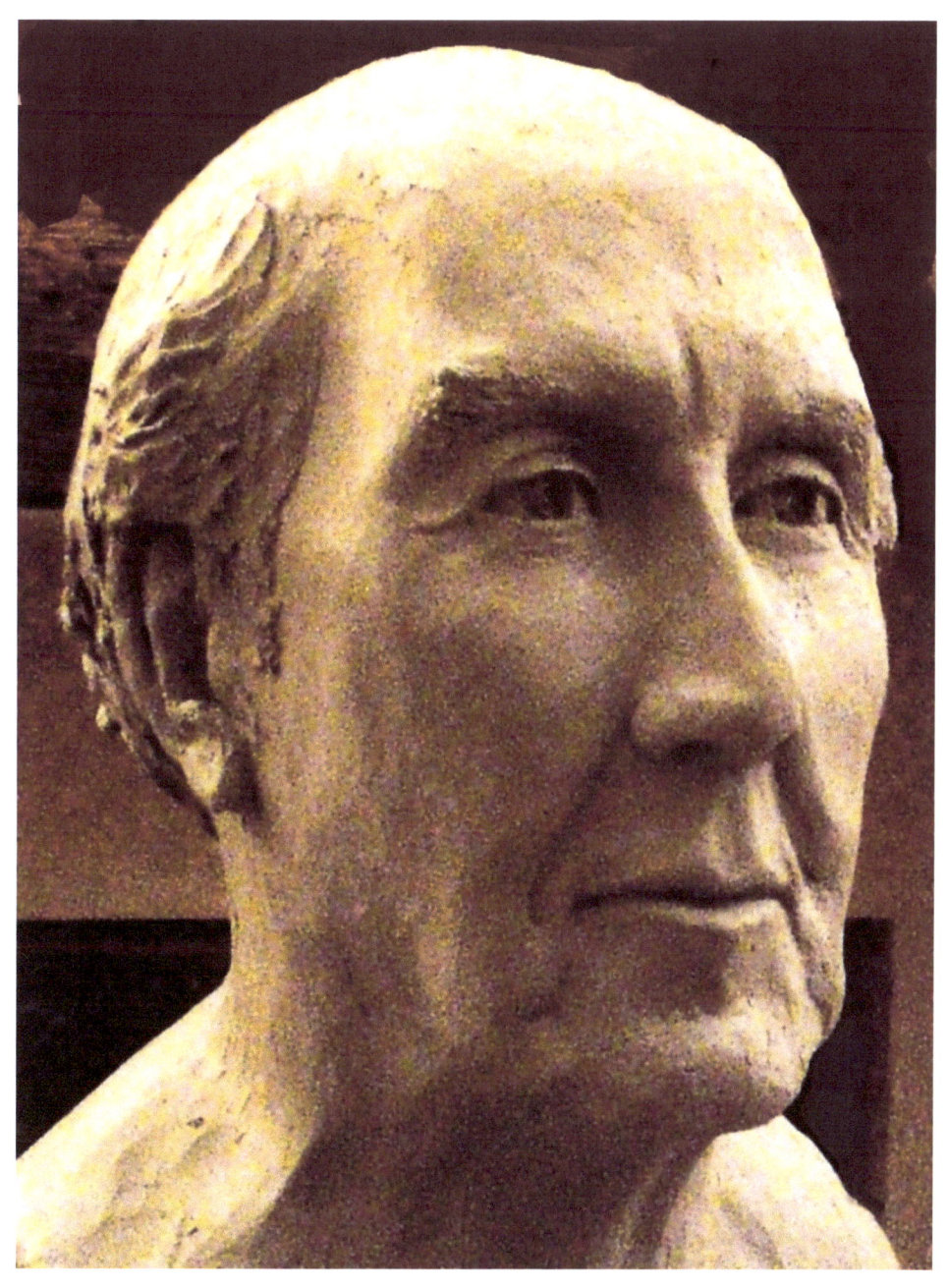

Le Papet
Terre cuite, pièce unique
42 x 25 x 25 cm. 9,6 kgs. Collection particulière

*Pierre aussi vagabondait depuis 30 ans autour de l'histoire véridique d'un tableau ancien.
Il en fit le scénario d'une saga historique : je pris donc la plume.(voir page 129)*

Mais on n'accepte pas facilement la fin d'un rêve ; il faut le prolonger, le concrétiser.

Après la plume, retour à l'ébauchoir.

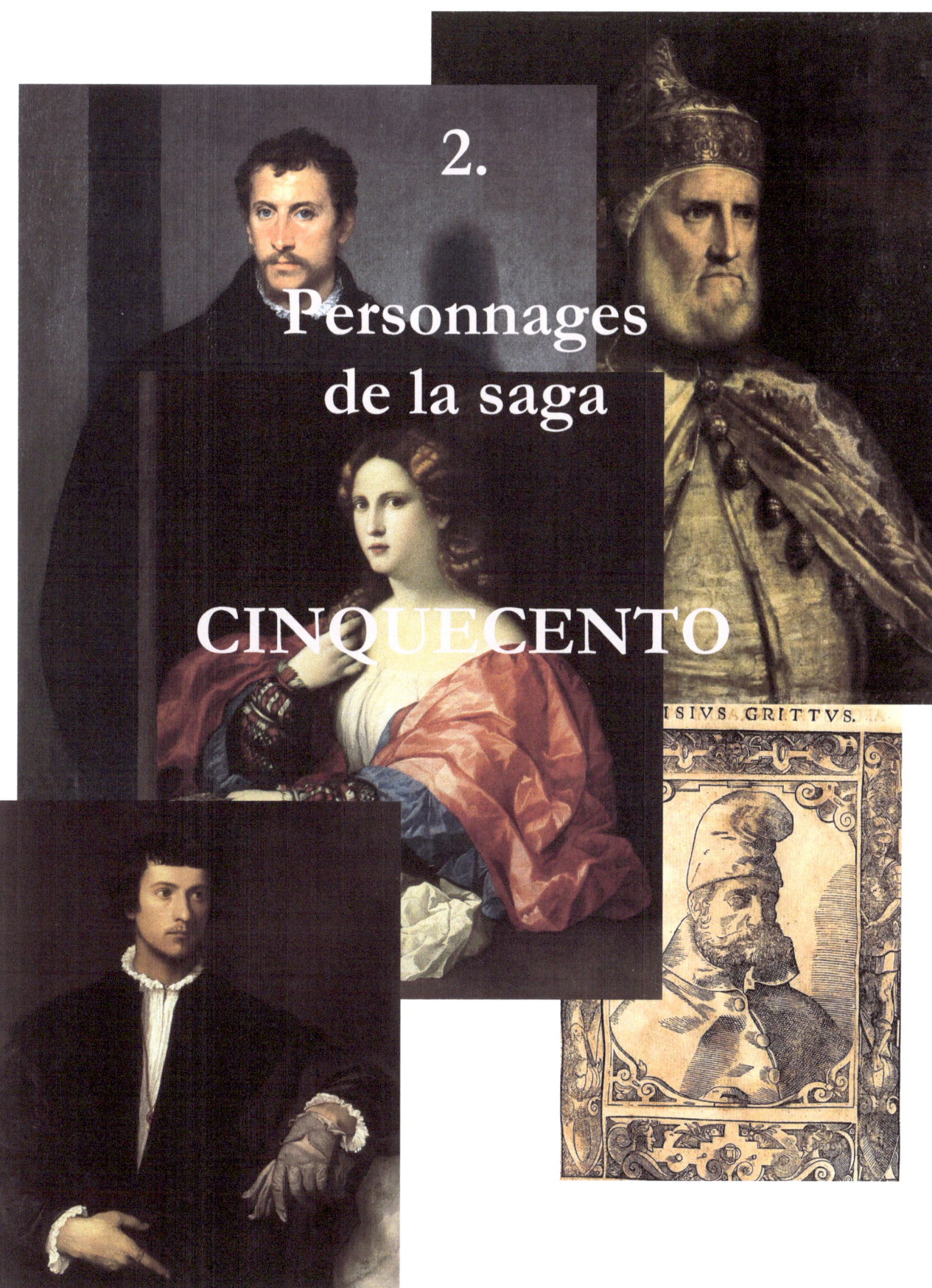

2. Personnages de la saga CINQUECENTO

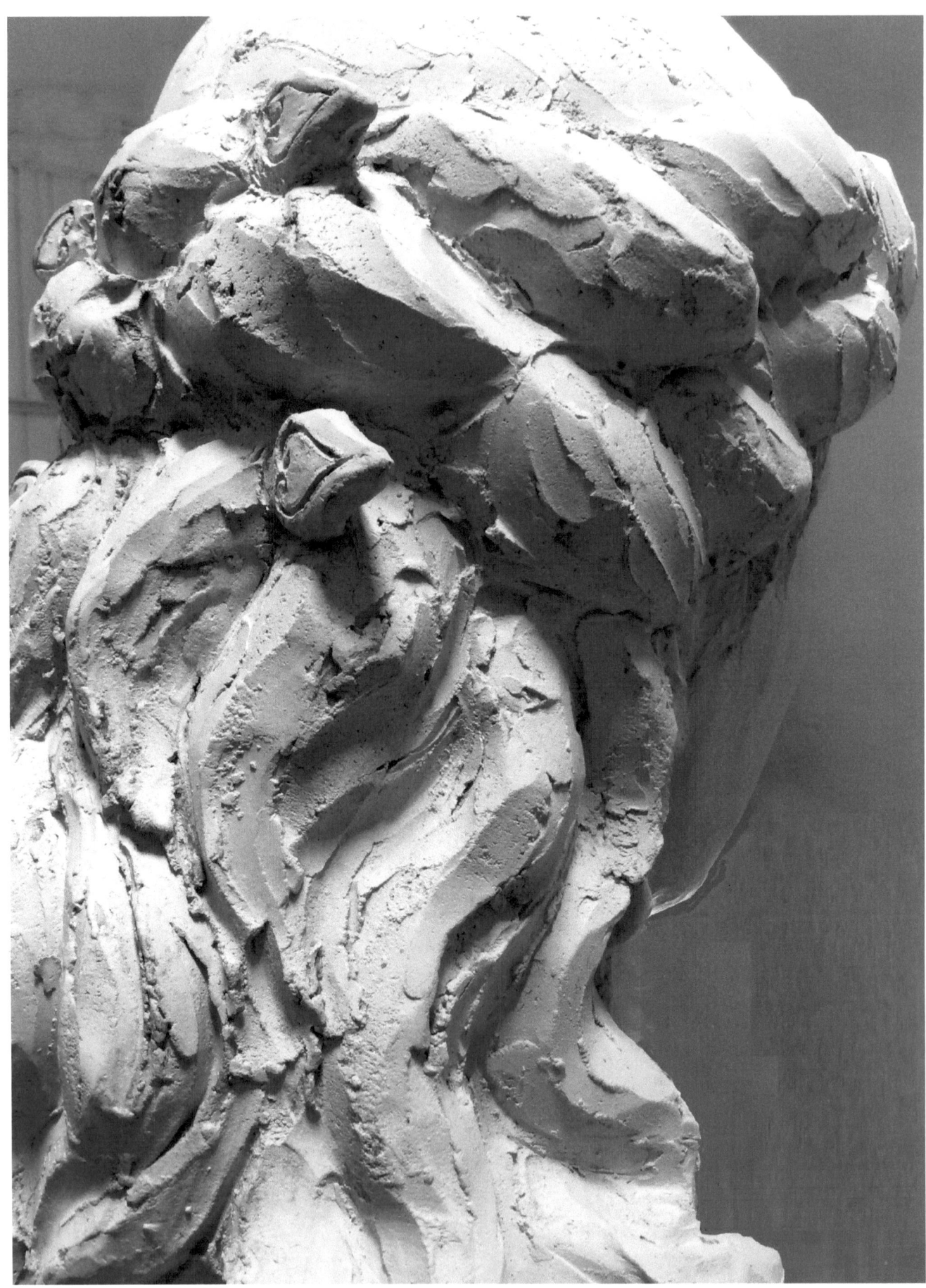

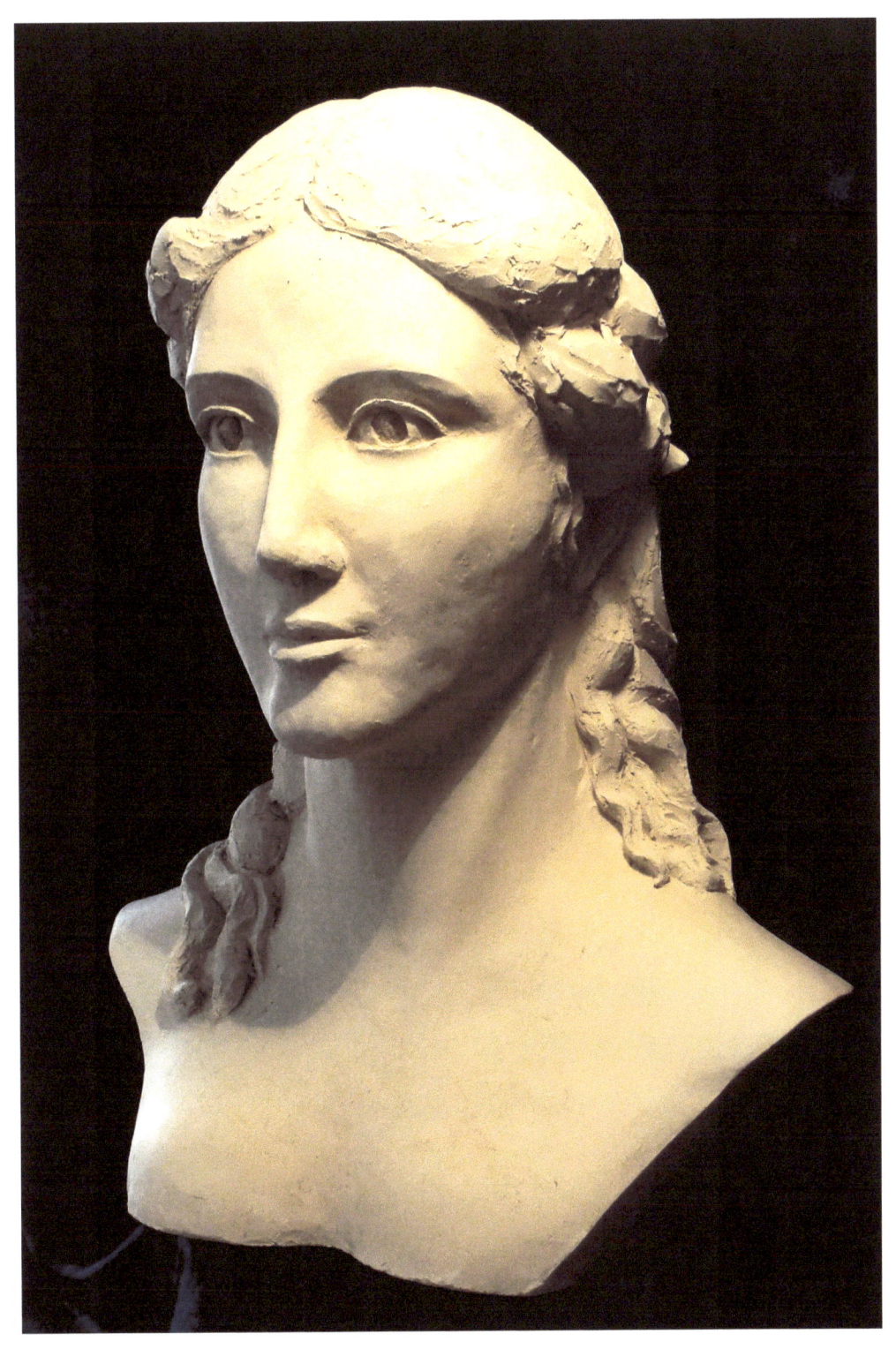

Laura Bagarotto
D'après un portrait de Palma Vecchio
Terre cuite, pièce unique
48 x 38 x 29 cm. 10,3 kgs. Prix C

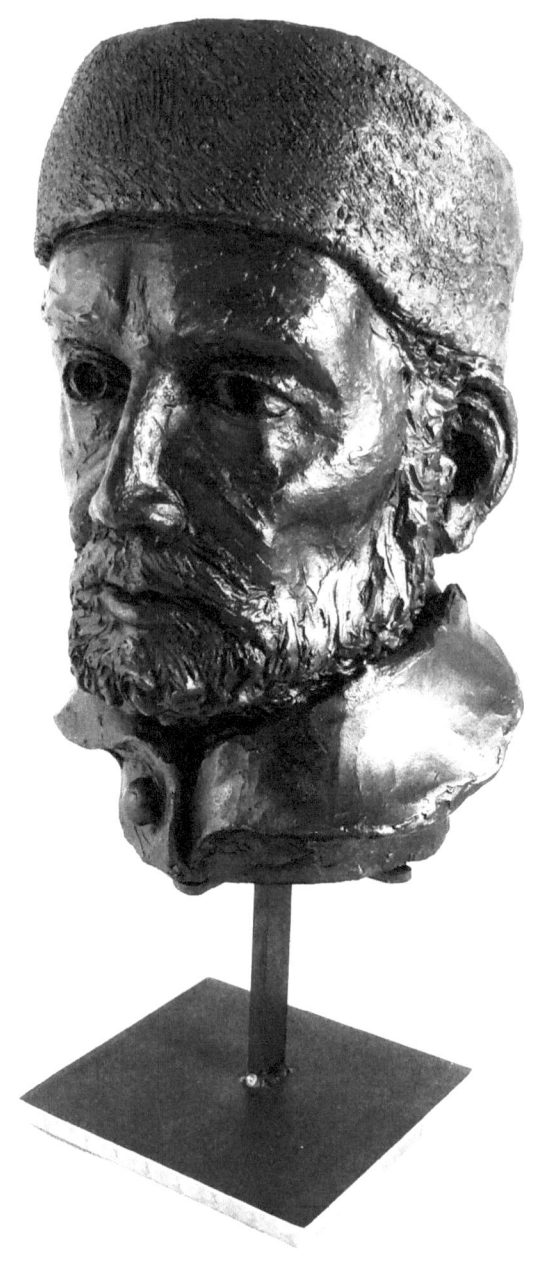

Alvise Gritti
D'après gravure d'époque
Terre cuite patinée sur pied de métal, pièce unique
45 x 20 x 20 cm. 6,6 kgs. Prix C

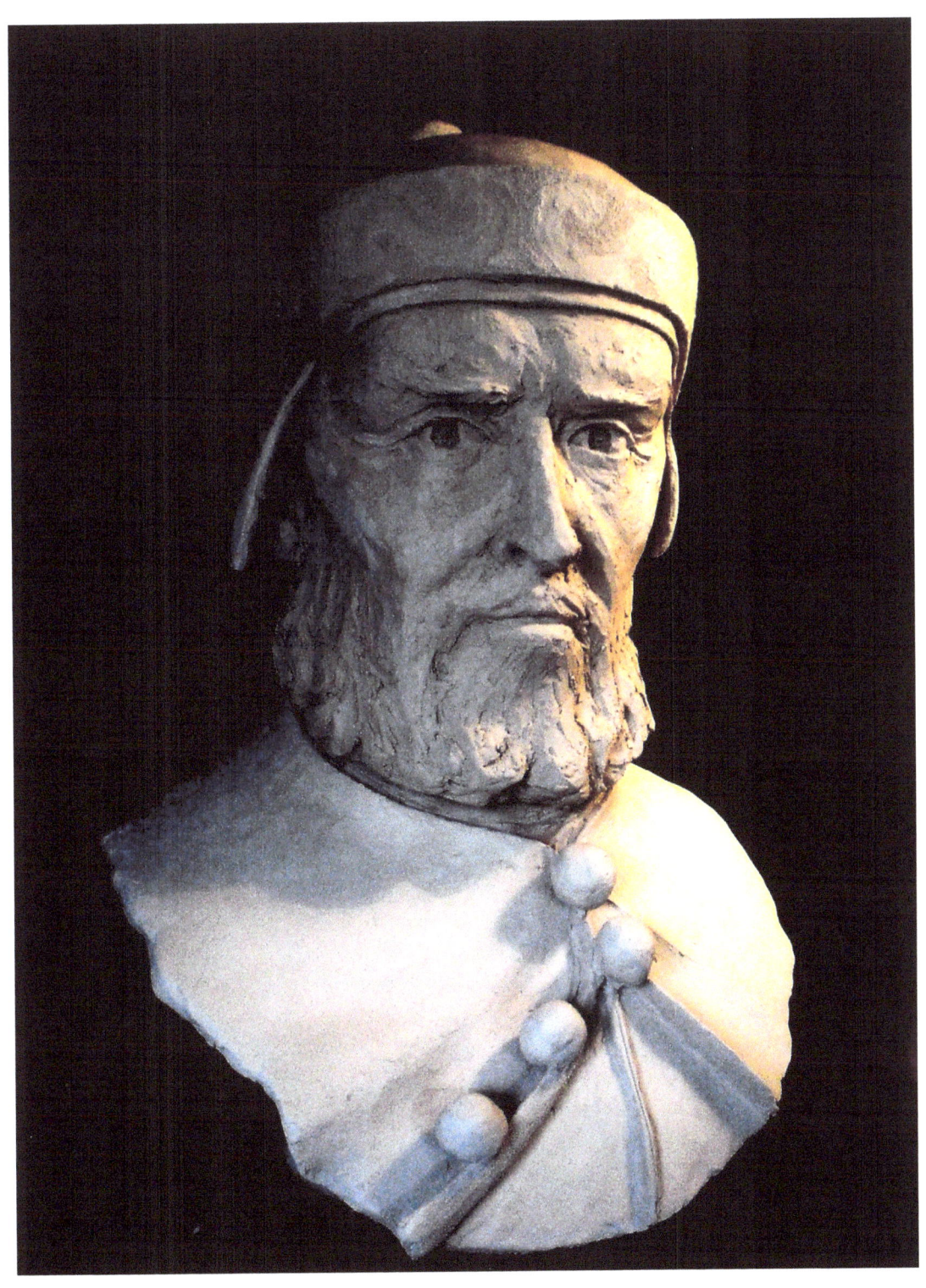

Le Doge Andrea Gritti
D'après un portrait de Titien
Terre cuite, pièce unique
54 x 34 x 28 cm. 10,6 kgs. Prix C

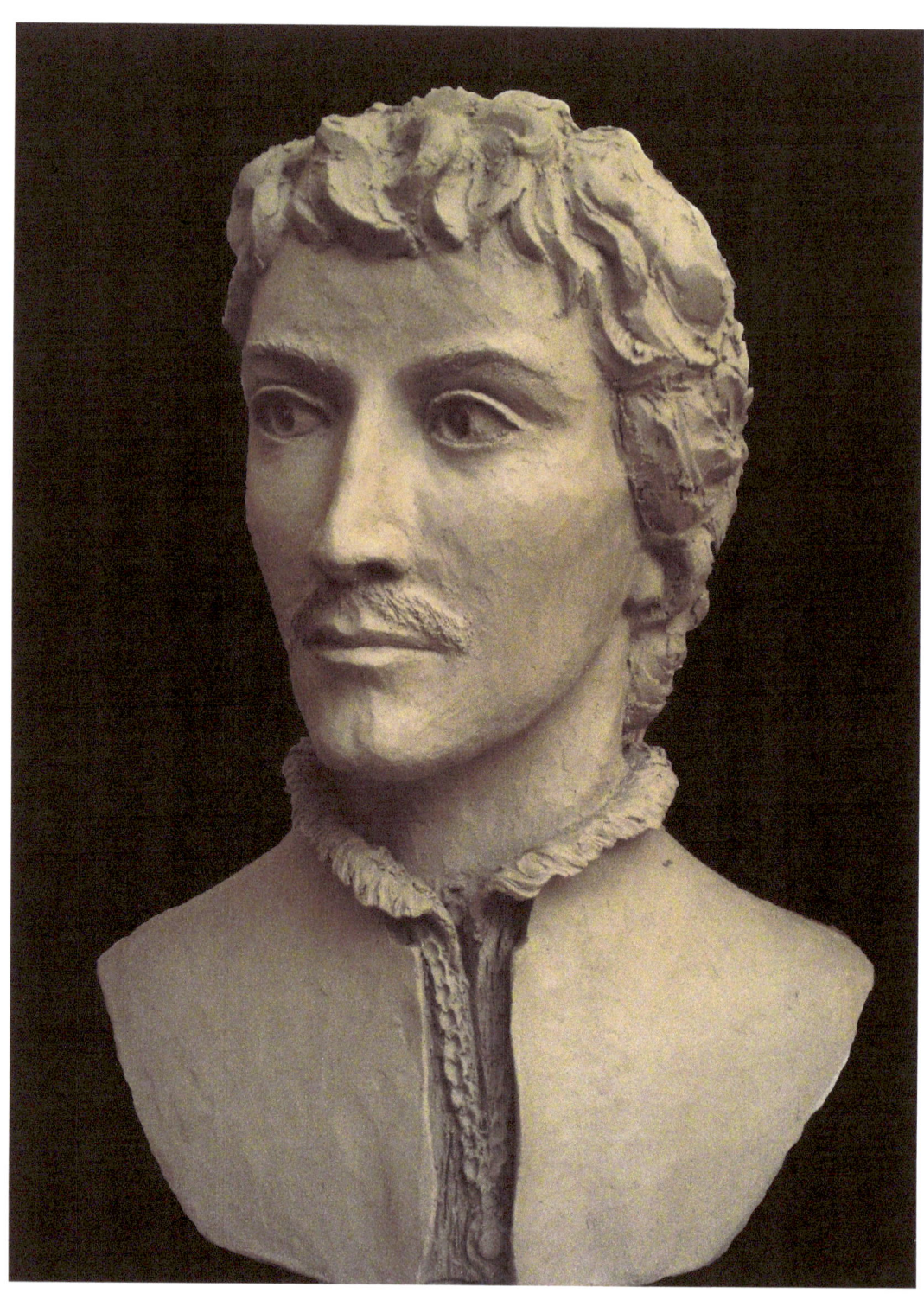

Pietro Aurelio
D'après un portrait de Titien
Terre cuite, pièce unique
48 x 38 x 30 cm. 12,3 kgs. Prix C

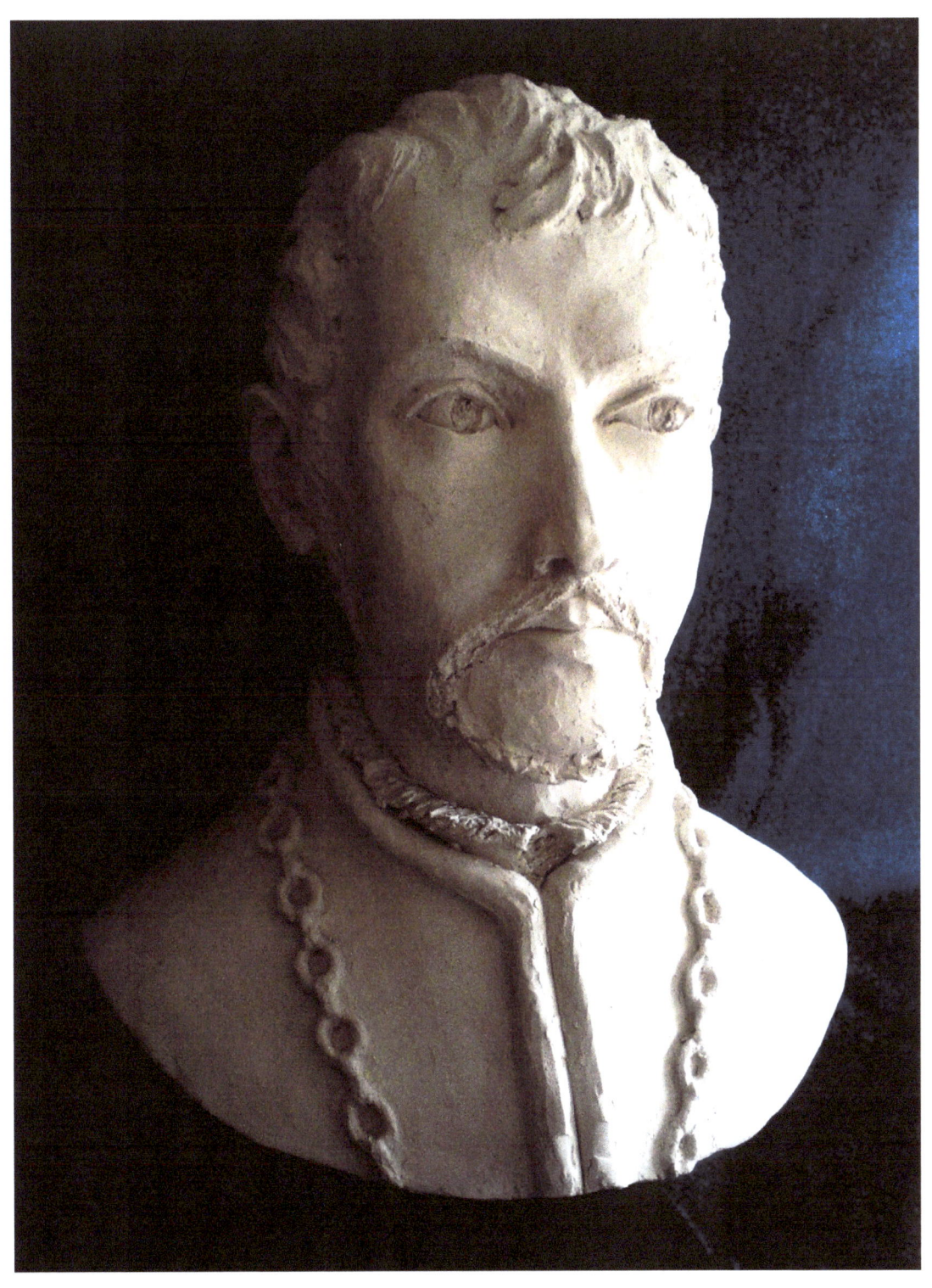

Nicolò Aurelio
D'après un portrait de Titien
Terre cuite, pièce unique
49 x 40 x 30 cm. 11,4 kgs. Prix C

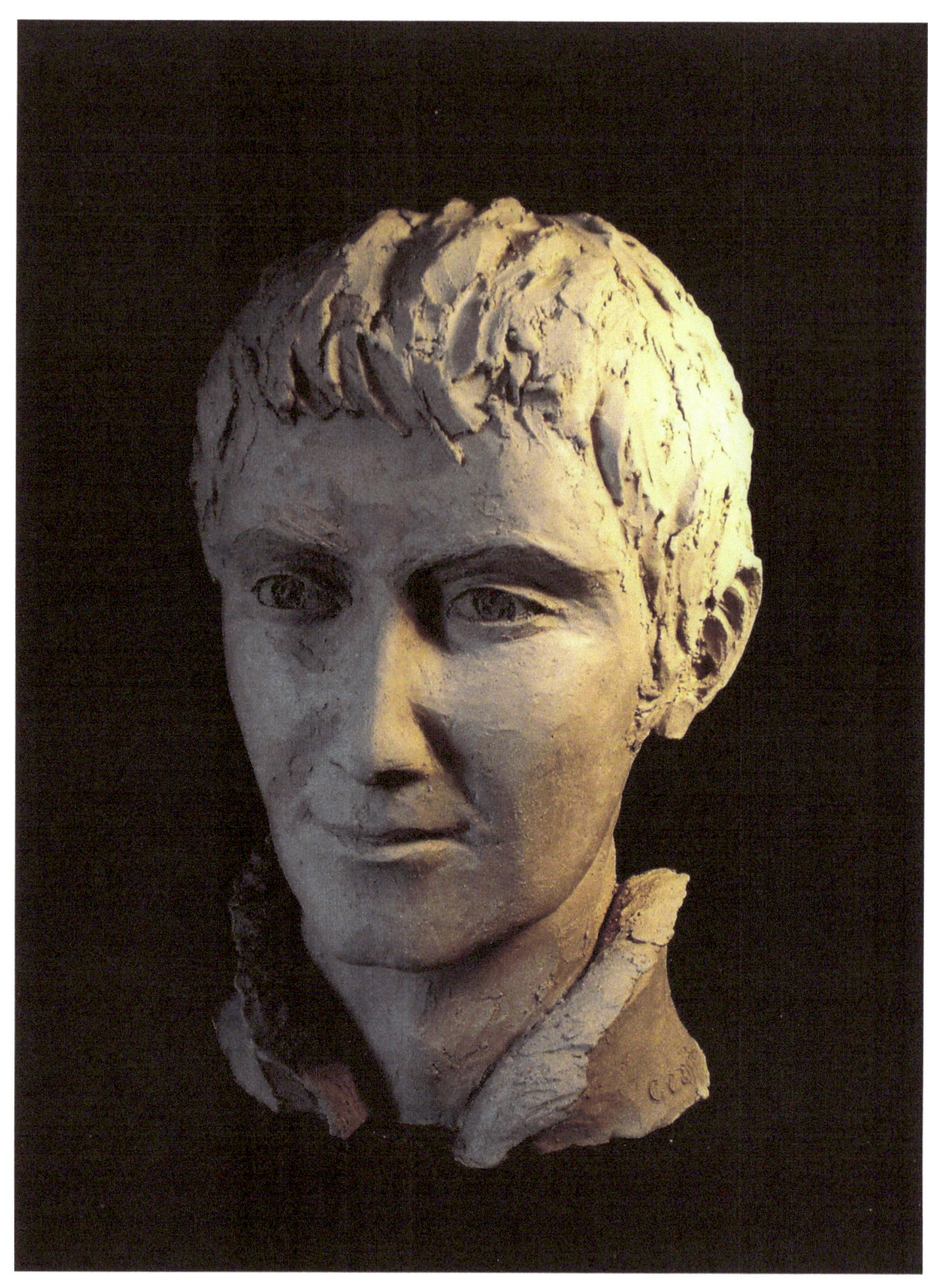

Costantino Cavazza
Terre cuite, pièce unique
36 x 24 x 18 cm. 4,7 kgs. Prix C

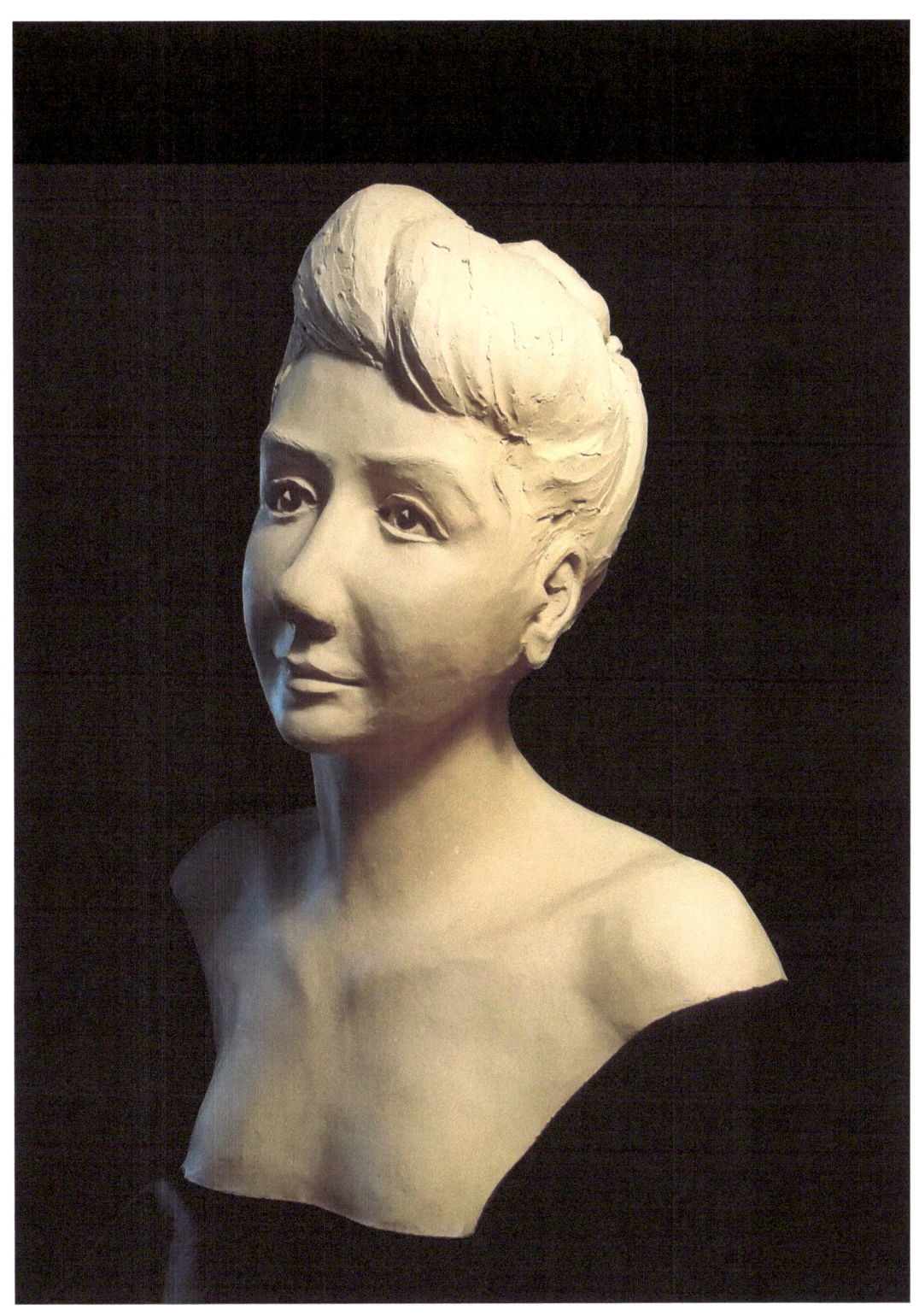

Fantina Cavazza
Terre cuite, pièce unique
48 x 37 x 28 cm. 8,5 kgs. Prix C

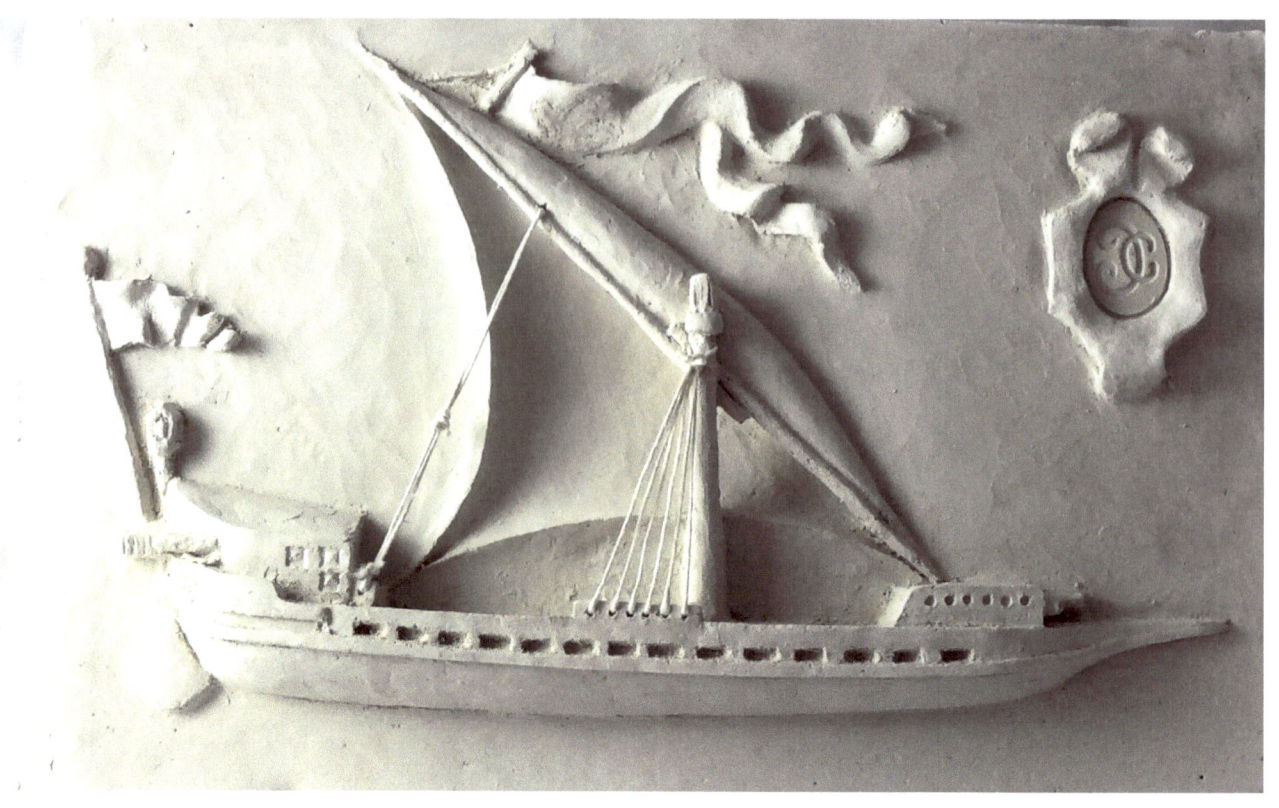

L'Aurelia, la galère de Pietro
Bas relief en terre cuite, pièce unique
20 x 33 x 4 cm. 1,4 kg. Prix B

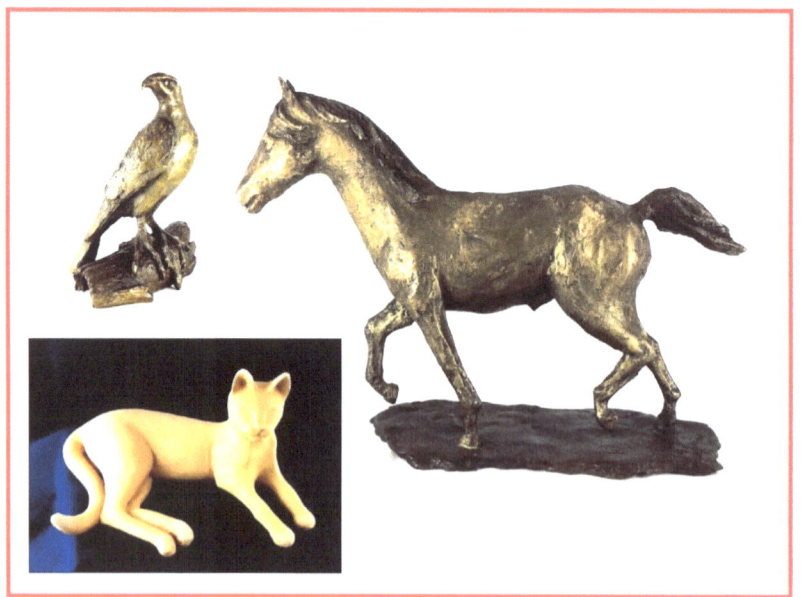

Les animaux de la saga
Voir dans sculptures animalières

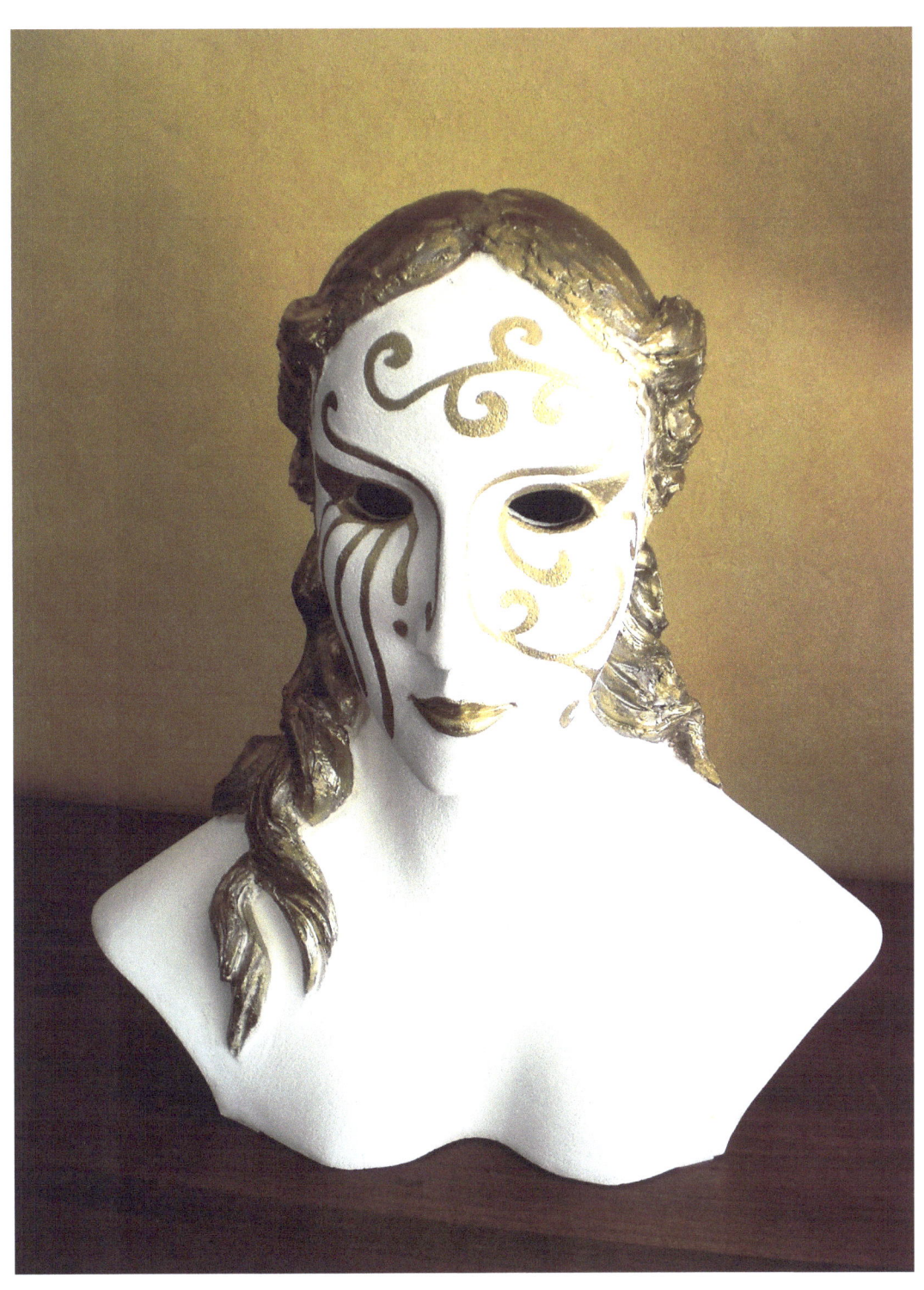

Masque vénitien
Terre cuite peinte, pièce unique
50 x 45 x 33 cm. 11,5 kgs. Prix C

SCULPTURES ANIMALIÈRES

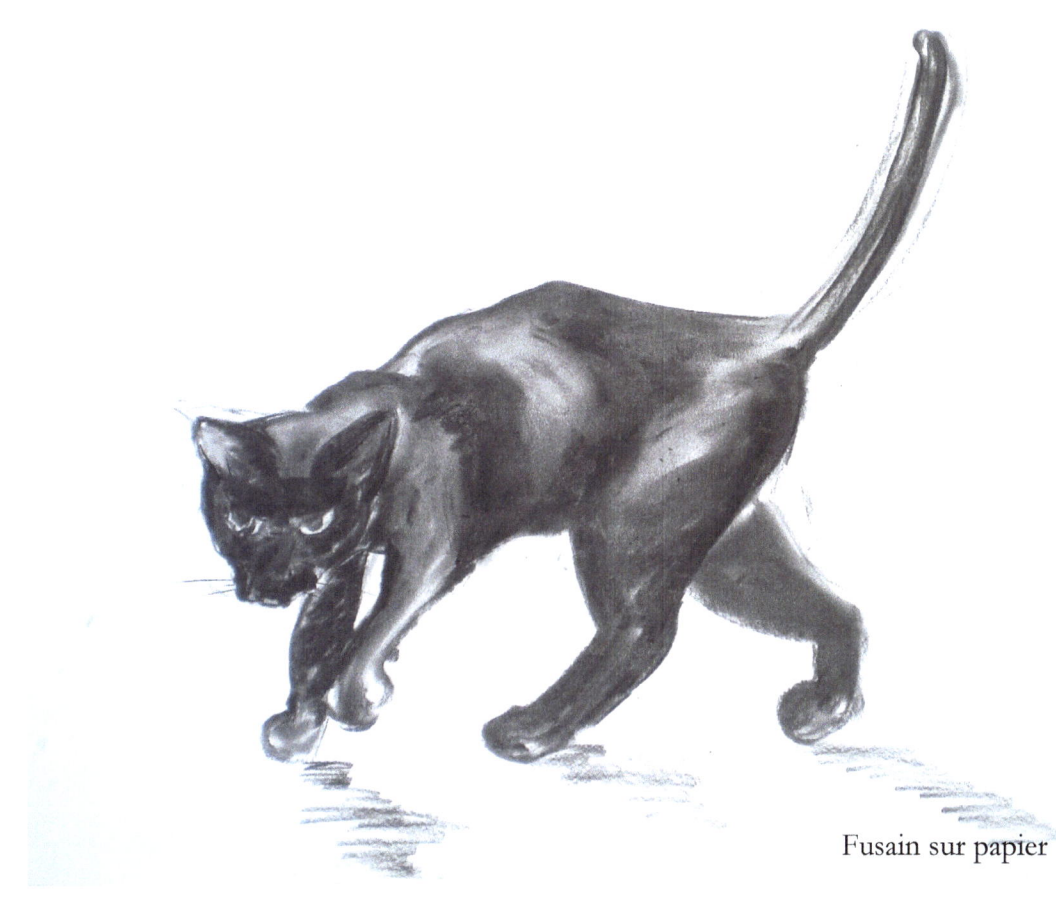

Fusain sur papier

1.
Bronzes et métaux

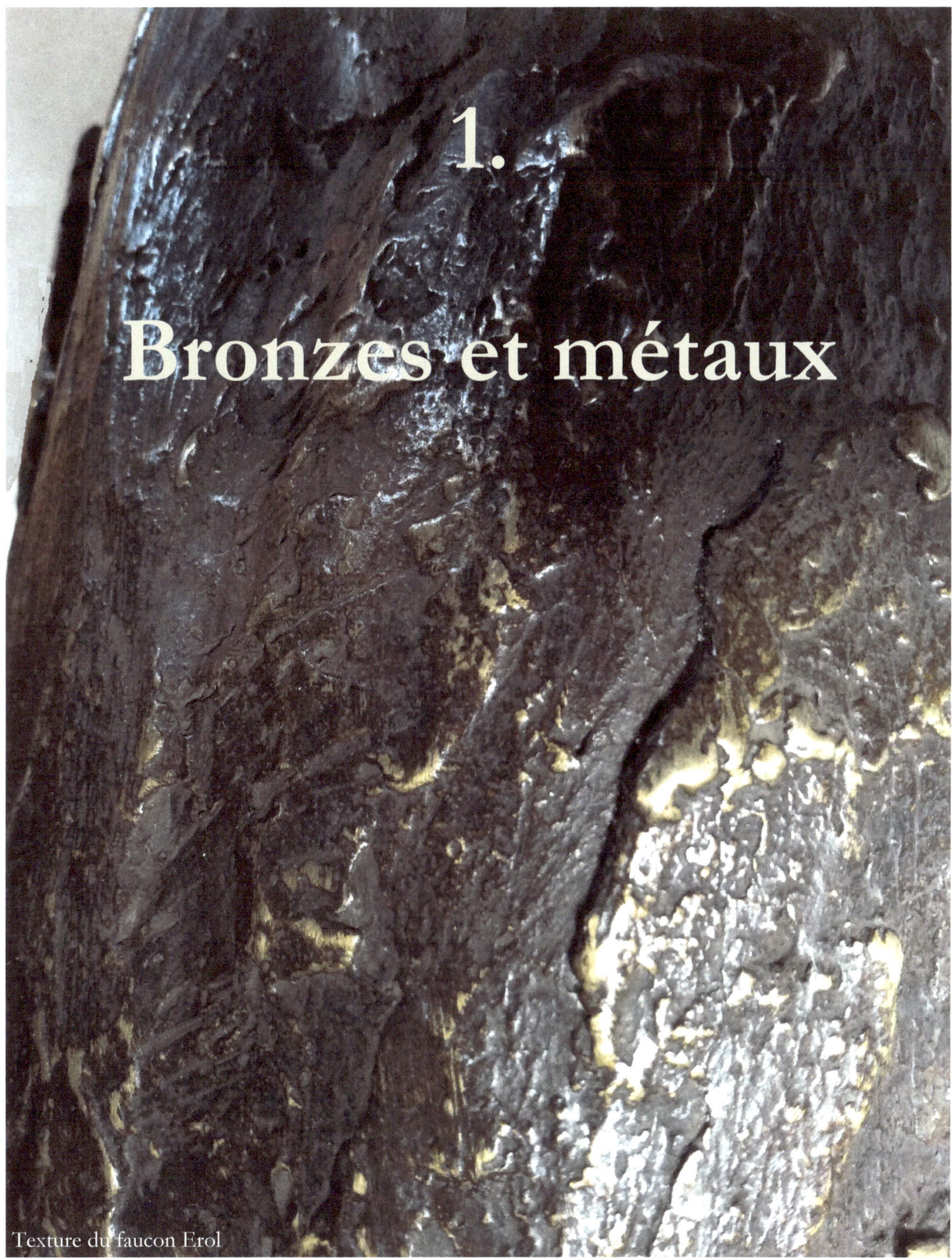

Texture du faucon Erol

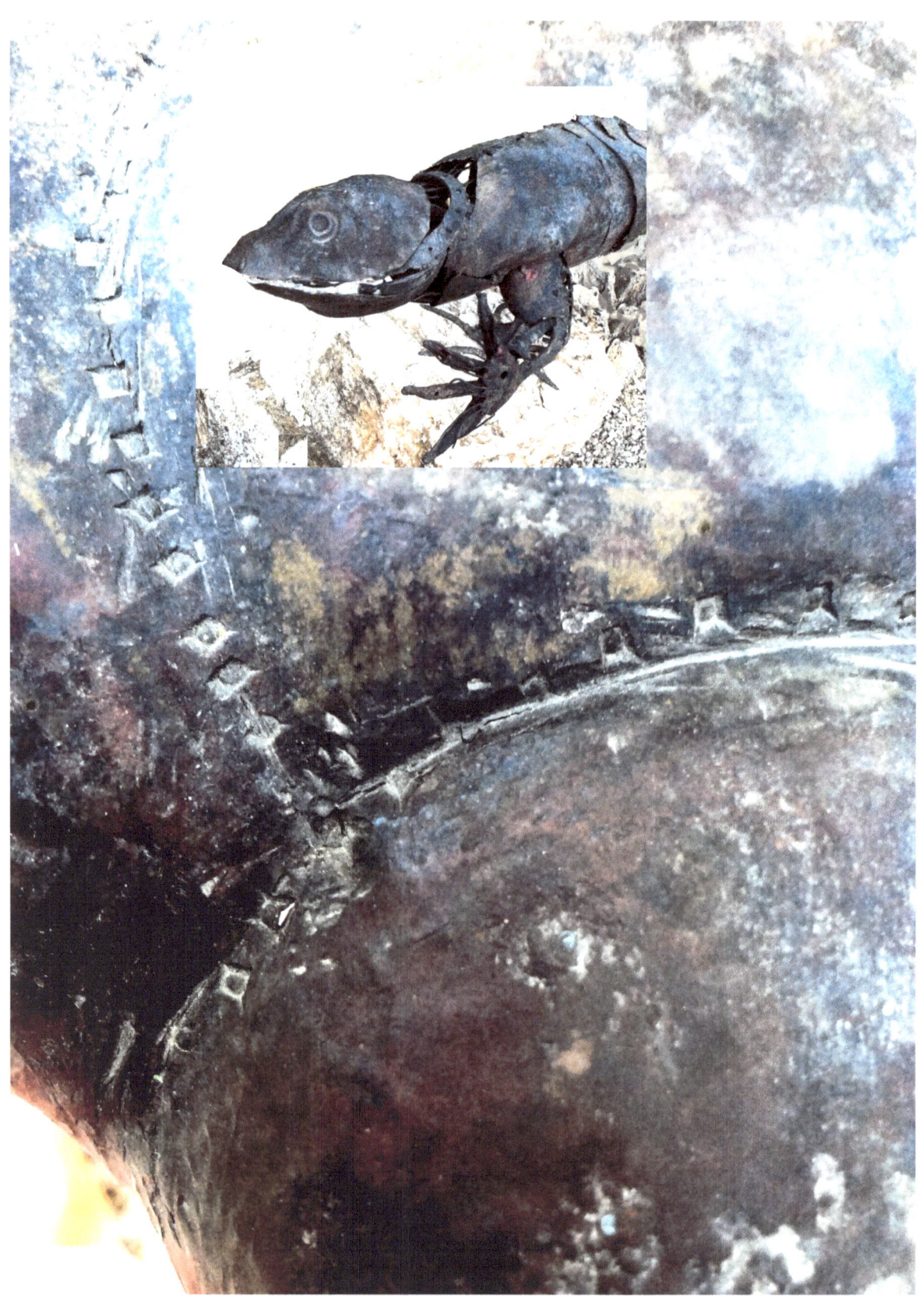

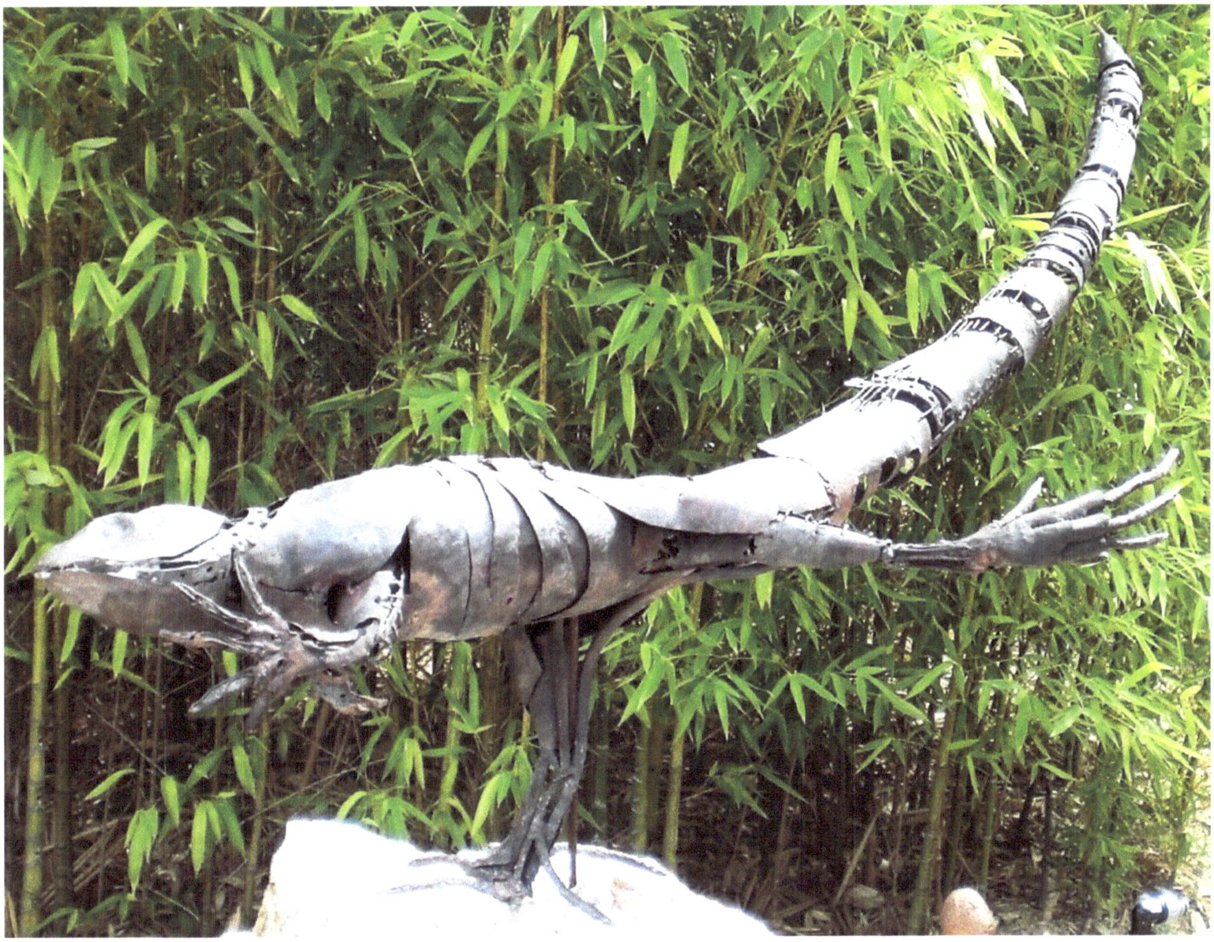

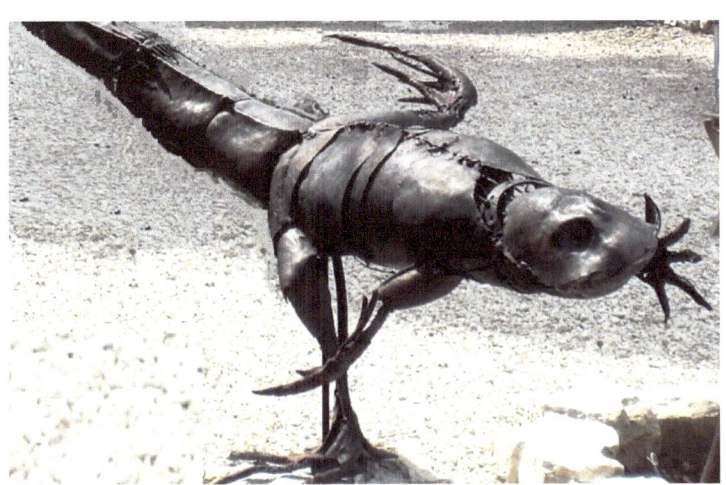

Lézard sauteur d'Amérique
Cuivre martelé et soudé, pièce unique
90 x 150 x 80 cm. 14,3 kgs. Prix J

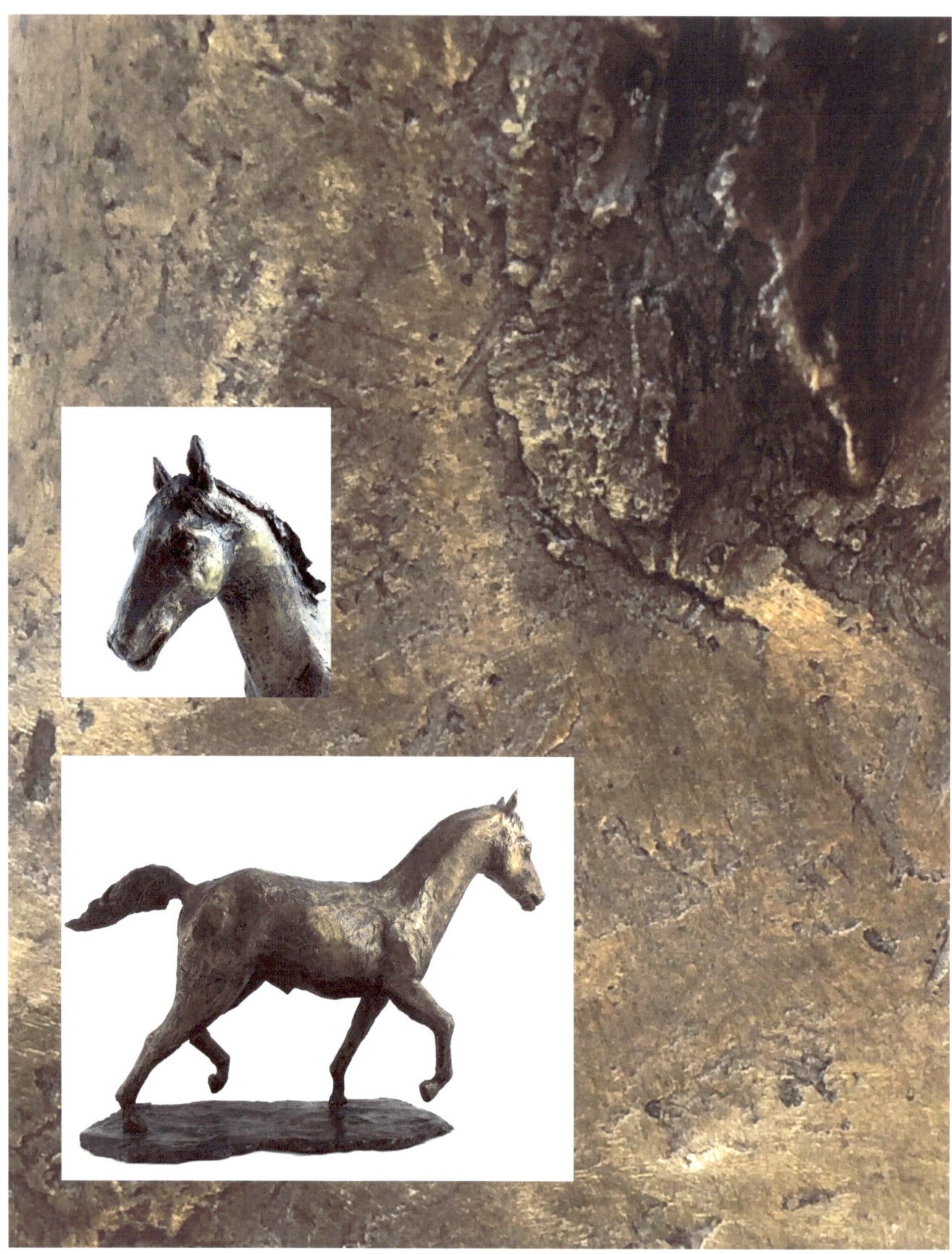

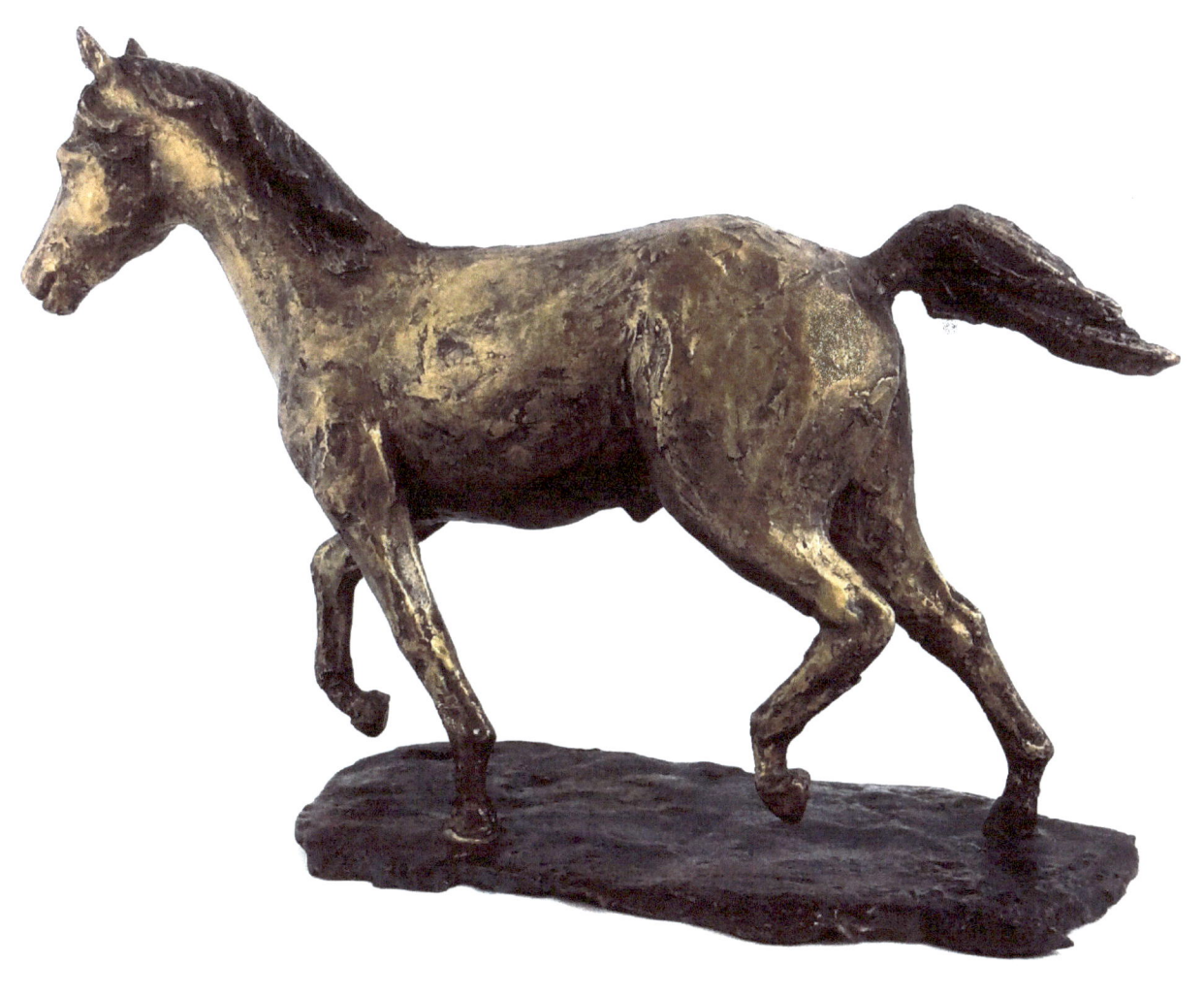

Cheval
Bronze
26 x 36 x 14 cm. 5,5 kgs. Prix H

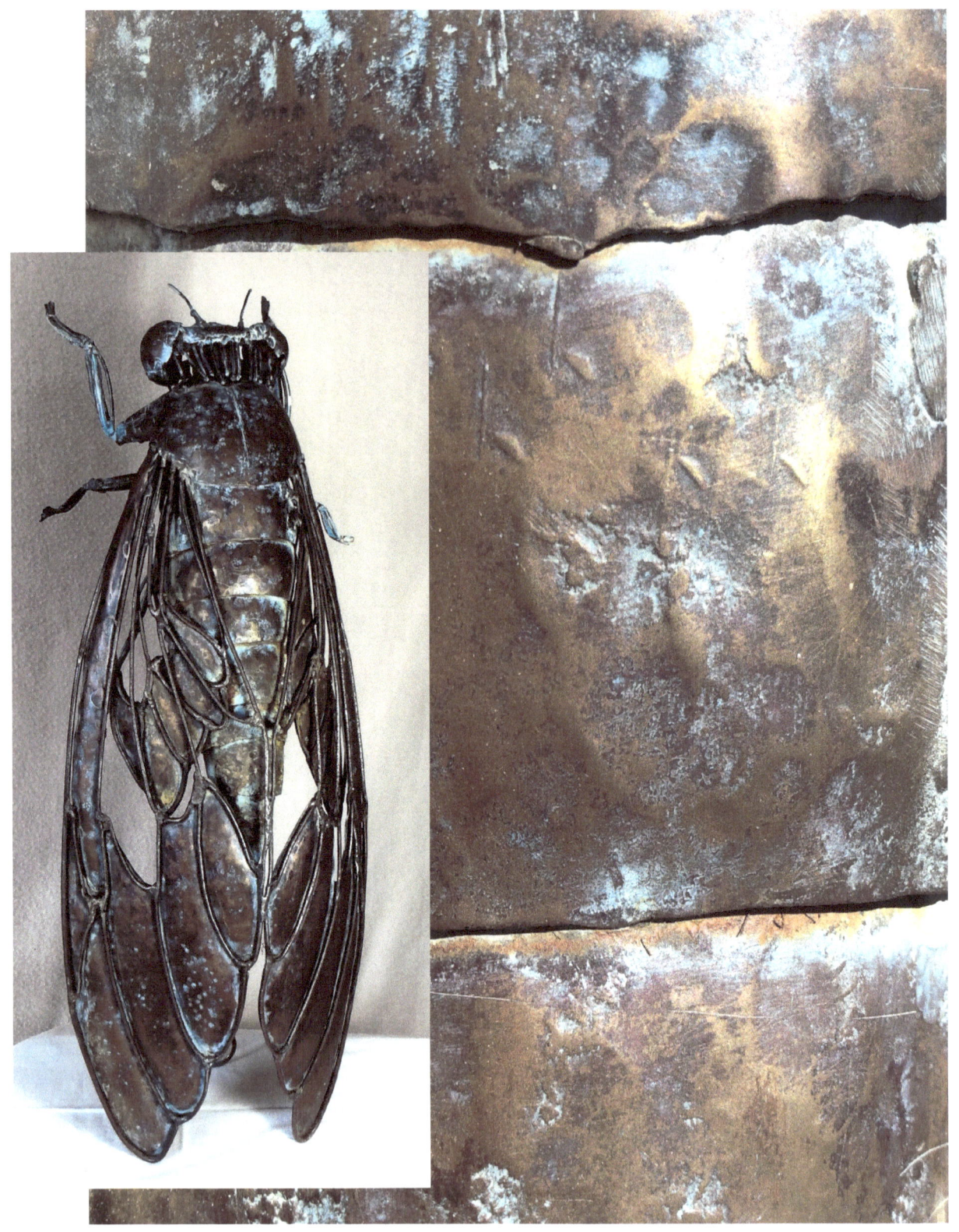

Cigale
Cuivre martelé et fer soudé, pièce unique
18 x 66 x 24 cm. 3,2 kgs. Prix H

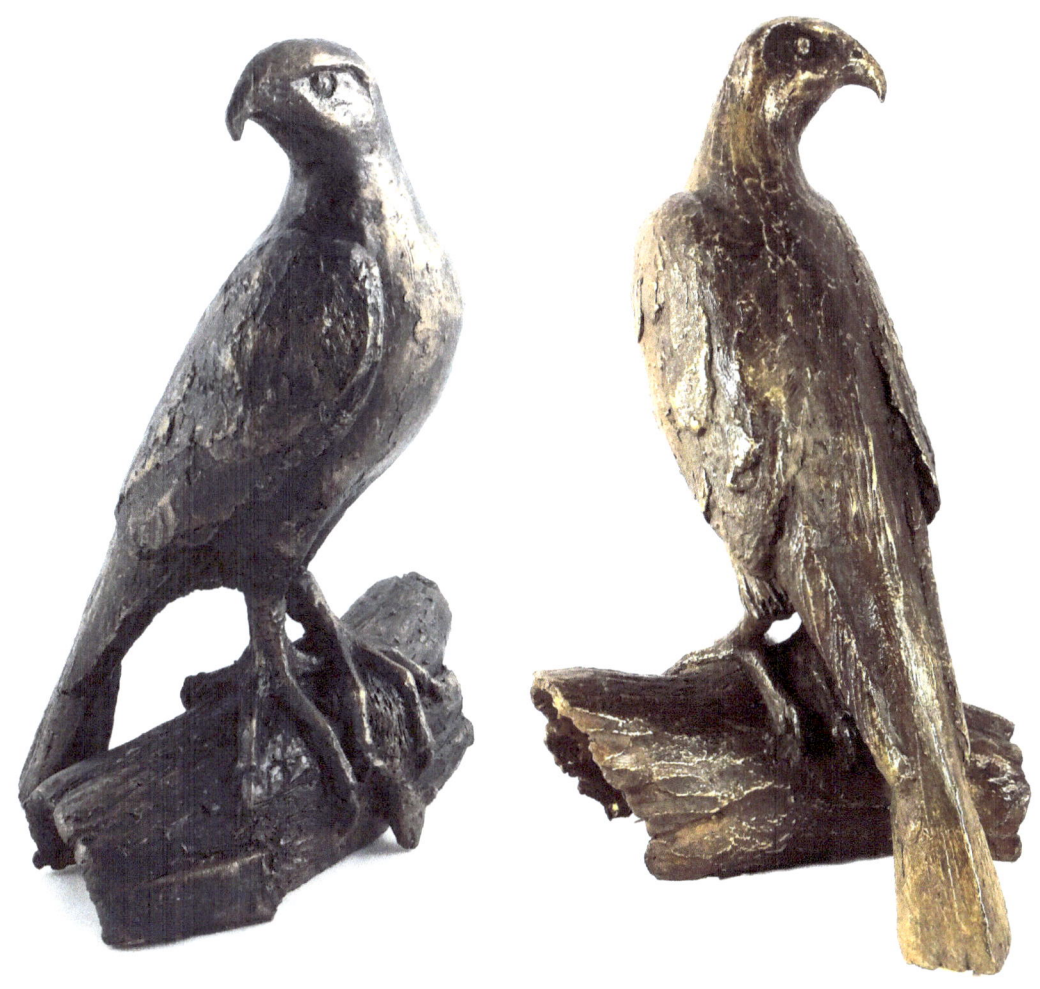

Le faucon Erol

Terre cuite patinée, pièce unique
30 x 23 x 23 cm. 2,2 kgs. Prix D

Bronze
30 x 23 x 23 cm. 5,4 kgs. Prix H

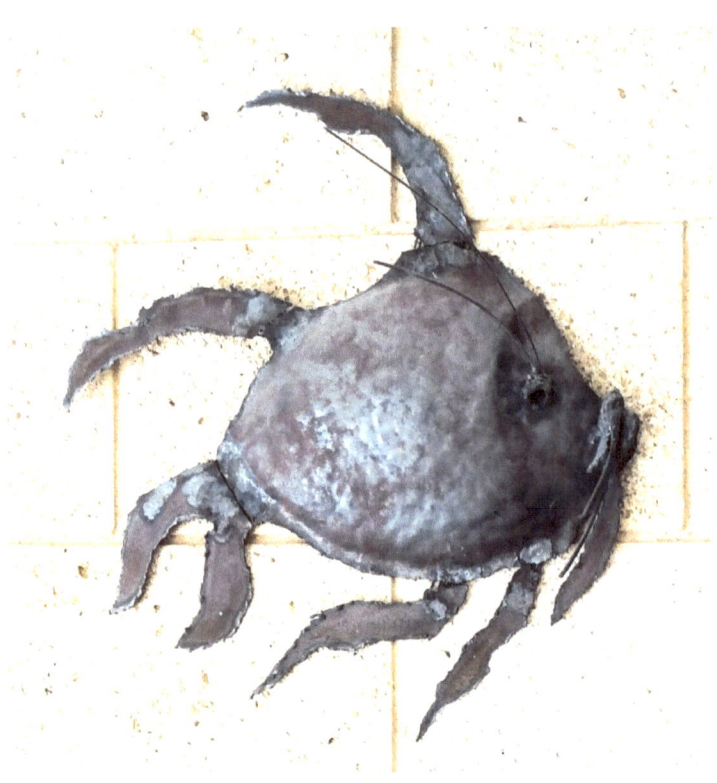

Poisson mural
Fer martelé et soudé, pièce unique
51 x 16 x 50 cm. 0,95 kg. Prix B

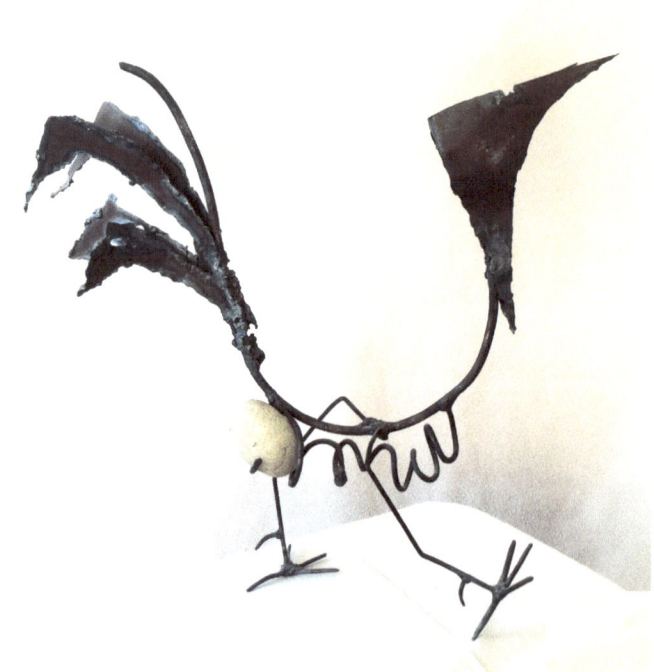

Œuf « à la coq »
Fer martelé et soudé, pièce unique
47 x 20 x 52 cm. 1,1 kg. Prix B

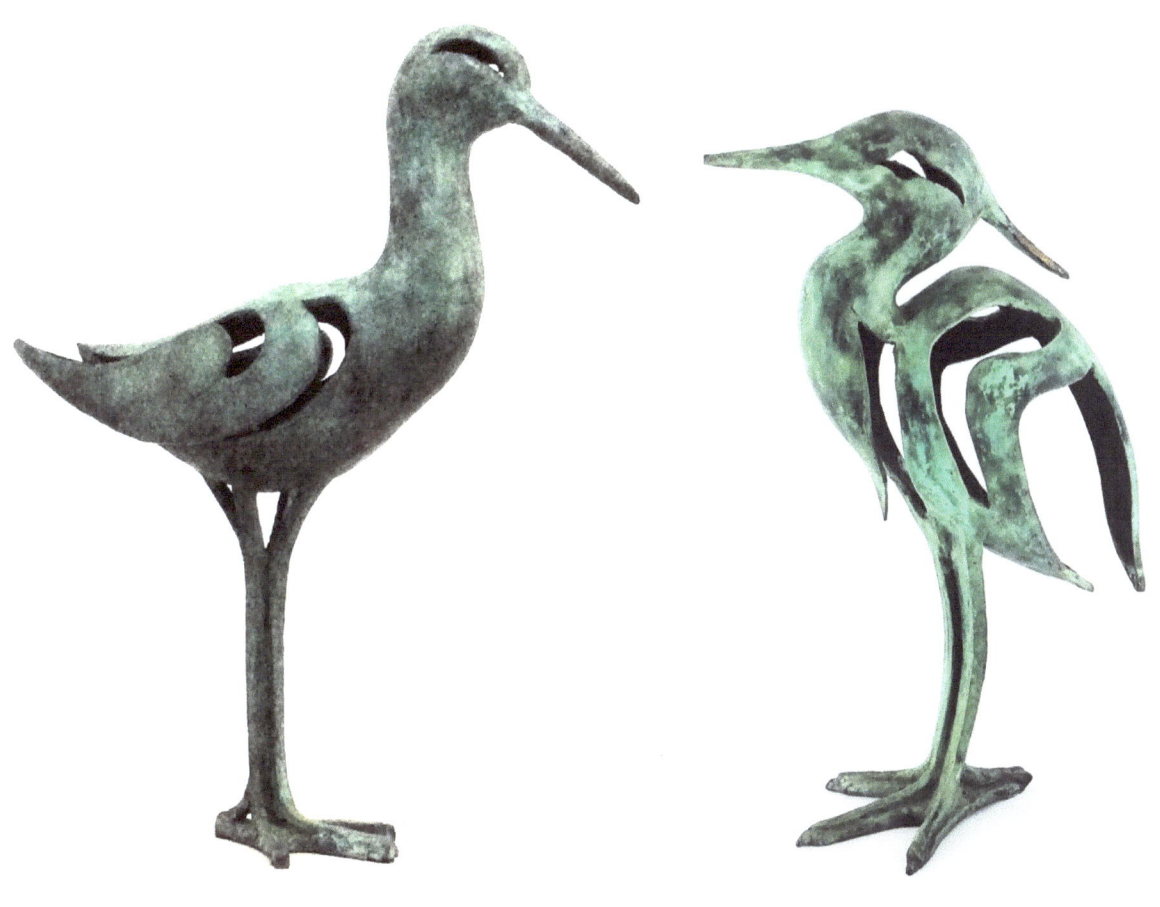

Échassier
Bronze, pièce unique
30 x 28 x 8 cm. 1,5 kg. Prix F

Aigrette
Bronze, pièce unique
26 x 21 x 7 cm. 1,1 kg. Prix F

2.
Terres cuites cubistes

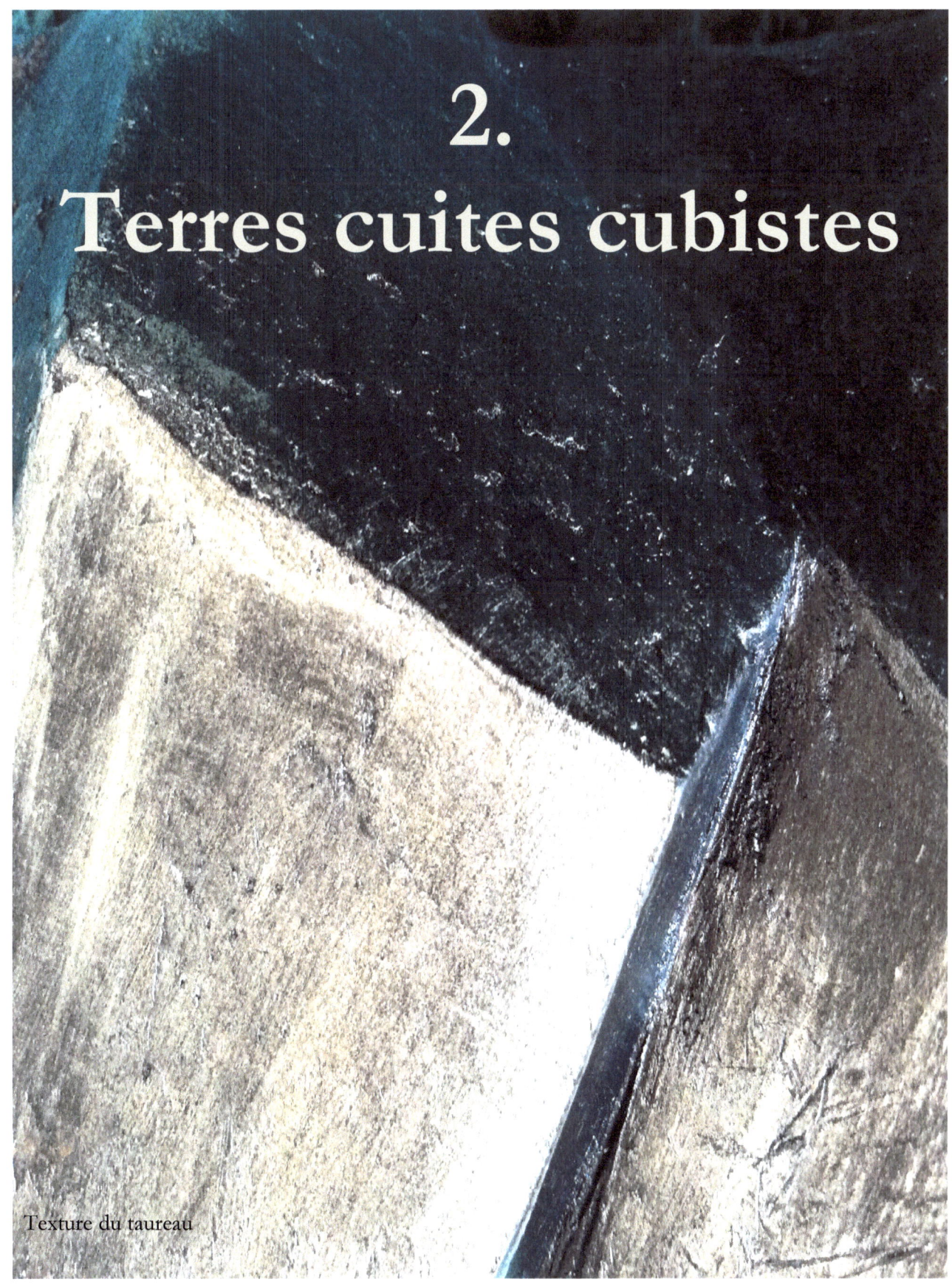

Texture du taureau

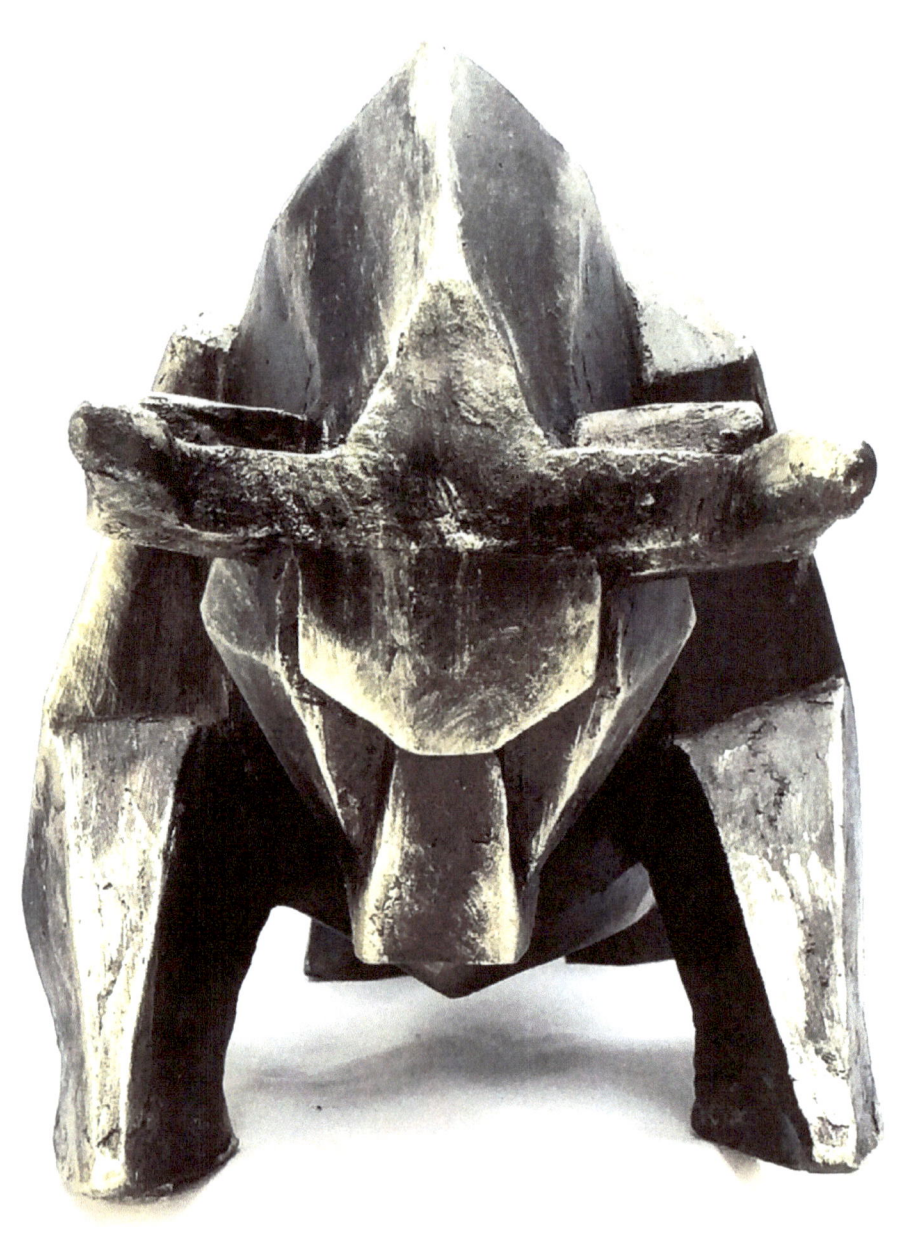

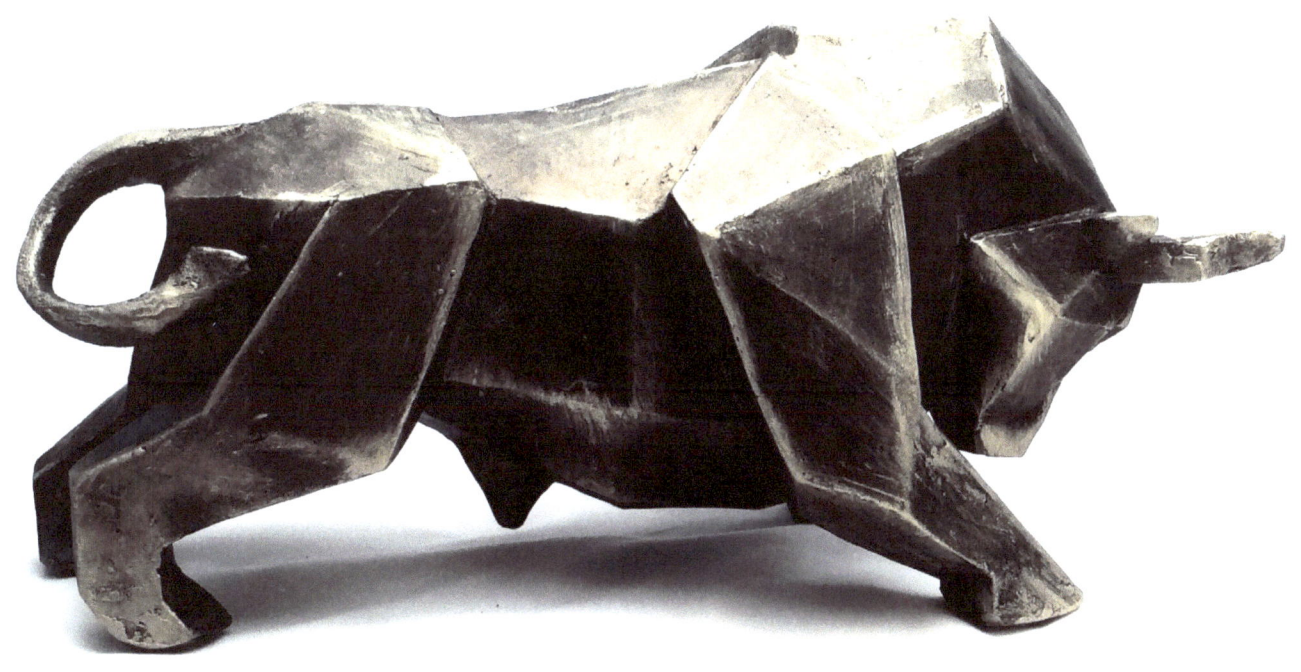

Taureau chargeant
Terre cuite patinée, pièce unique
17 x 13 x 35 cm. 2,8 kgs. Prix C

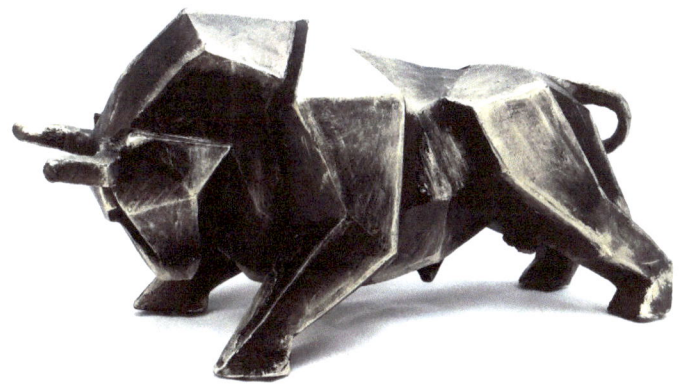

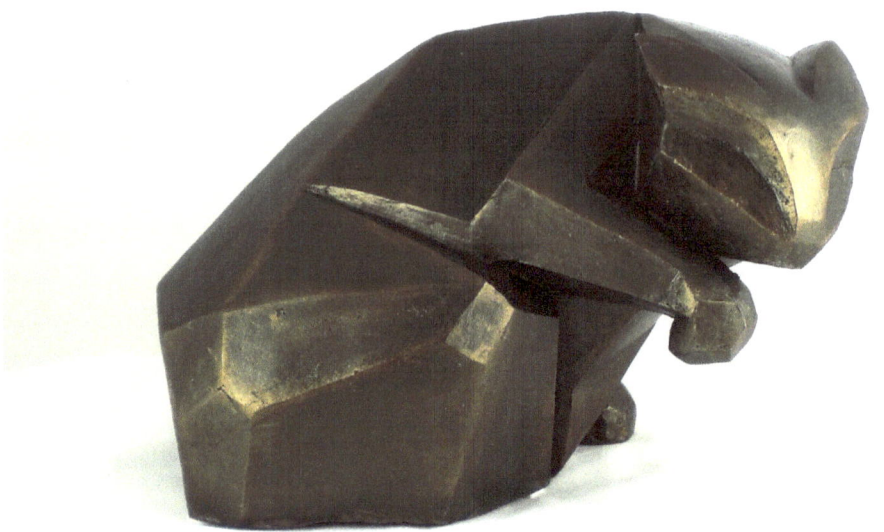

Chat à sa toilette
Terre cuite patinée, pièce unique
18 x 18 x 27 cm. 2,8 kgs. Prix C

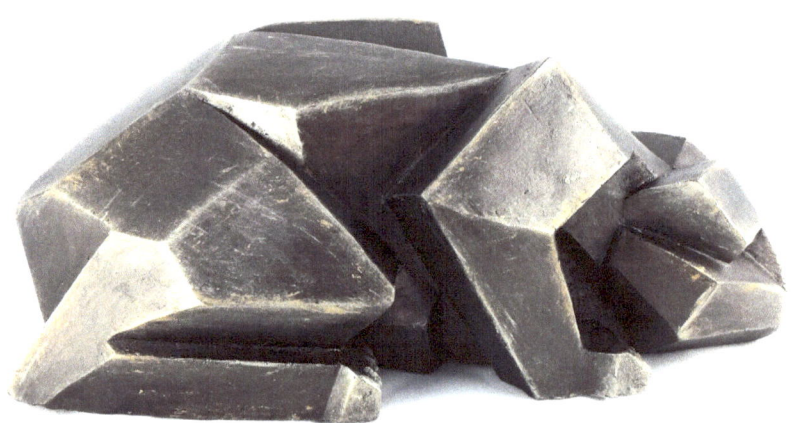

Fauve à l'affût
Terre cuite patinée, pièce unique
14 x 14 x 32 cm. 2,8 kgs. Prix C

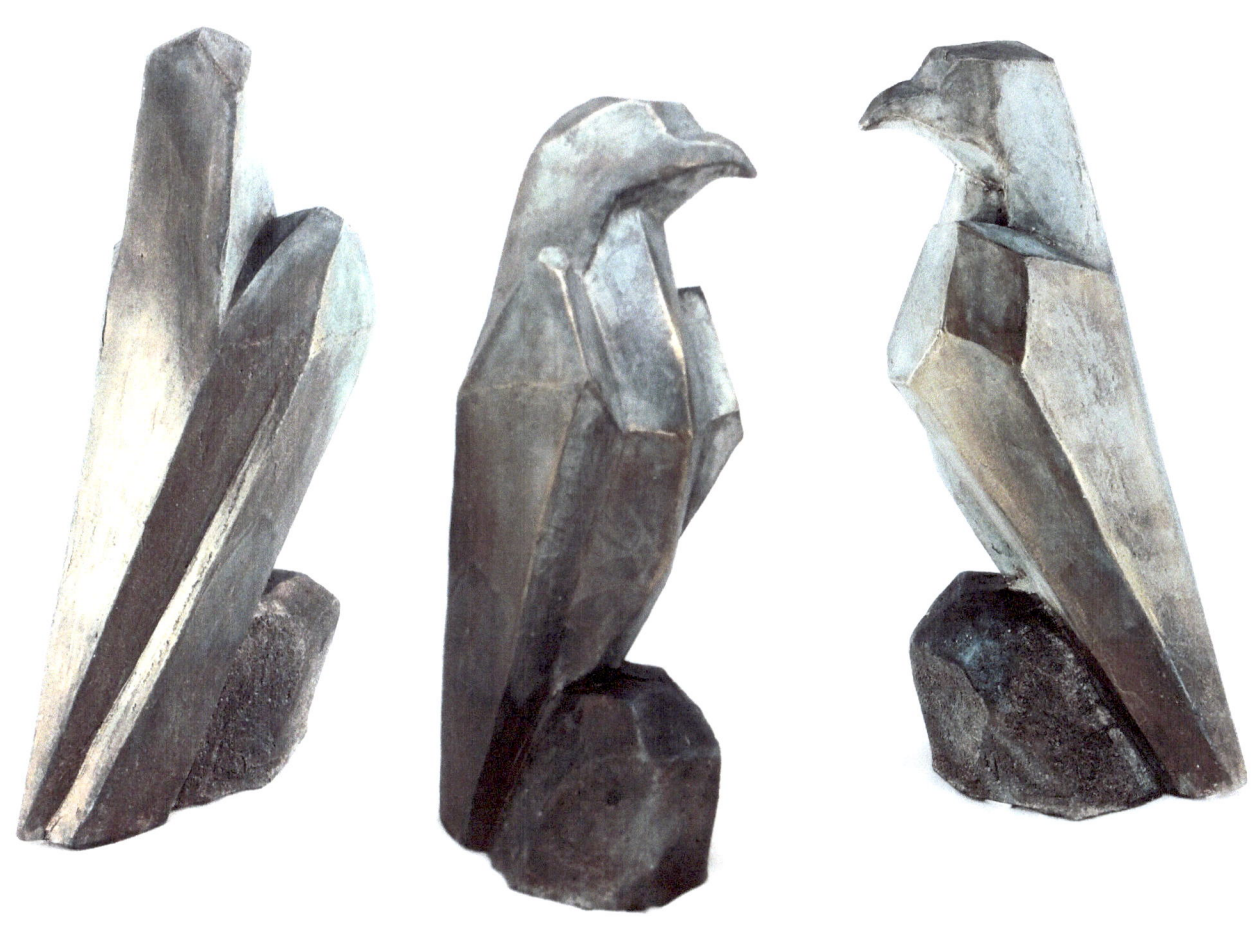

Faucon
Terre cuite patinée, pièce unique
30 x 11 x 17 cm. 2,2 kgs. Prix C

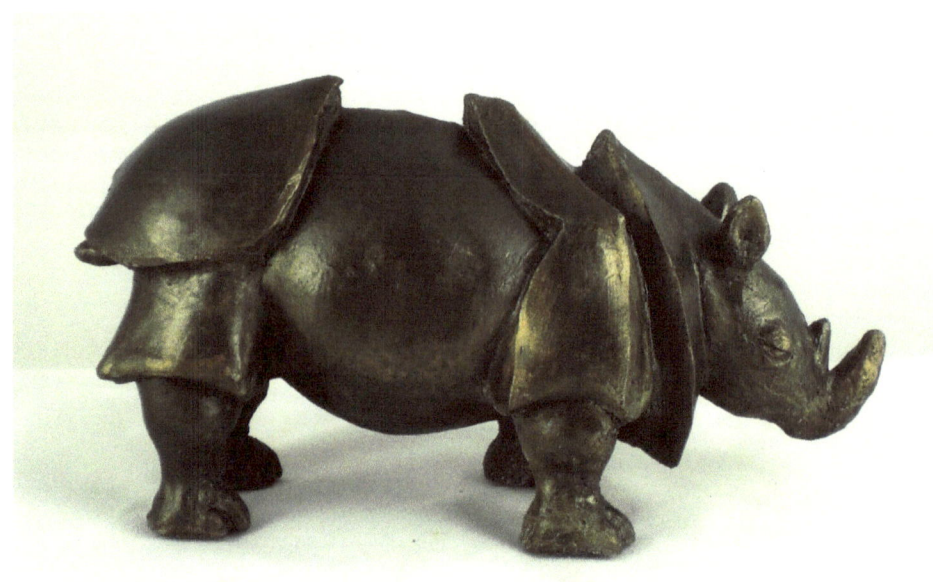

Rhinocéros
D'après une gravure d'Albert Dürer
Terre cuite patinée, pièce unique
13 x 11 x 26 cm. 1,3 kg. Prix B

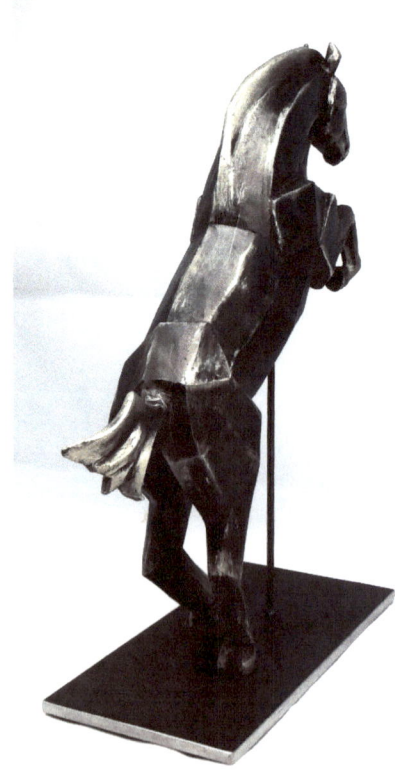
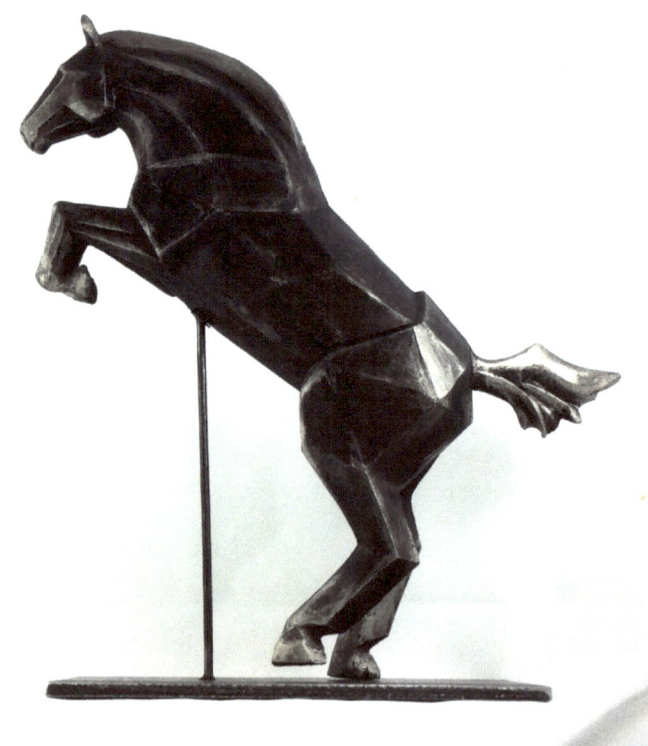

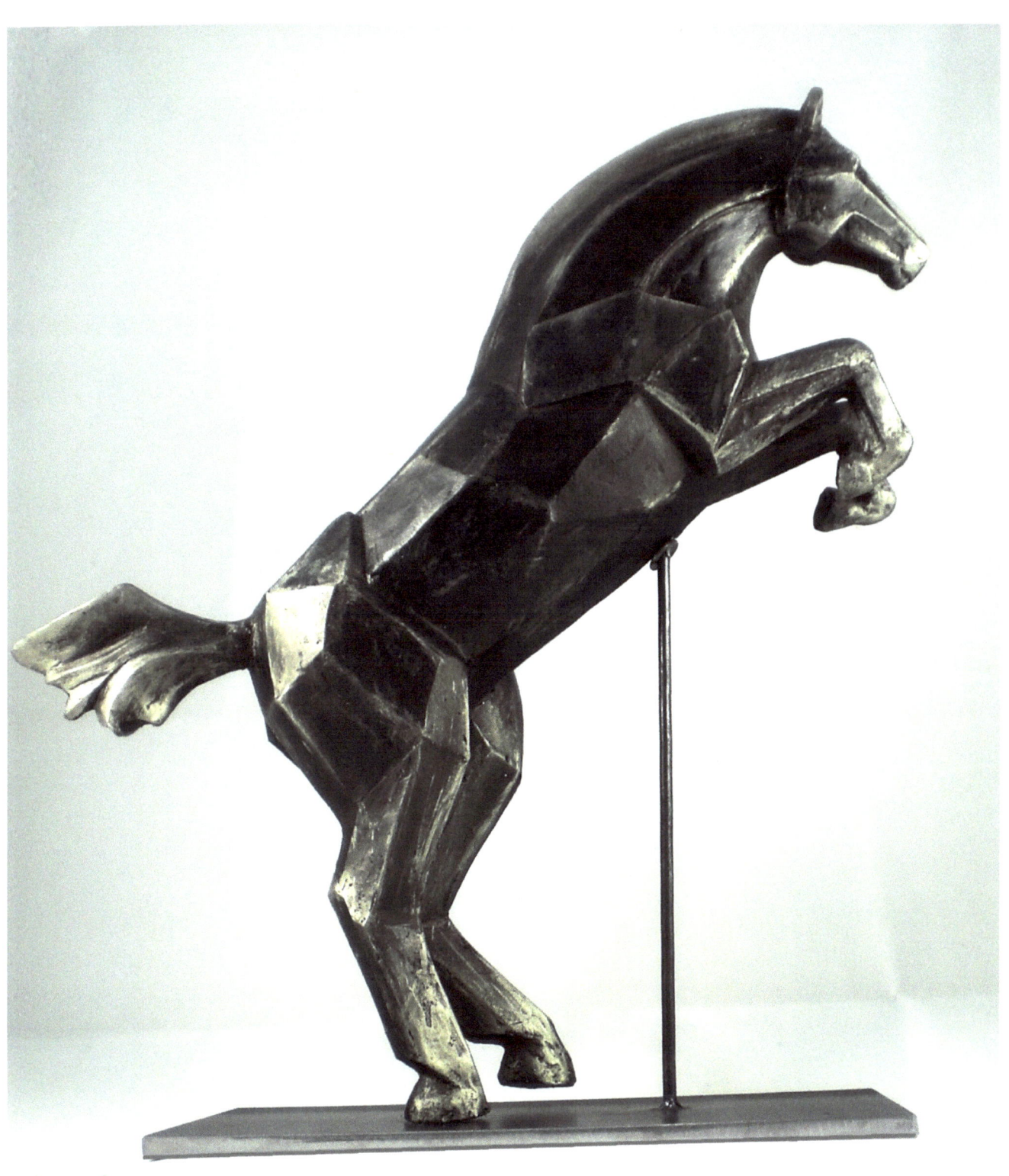

Cheval sautant
Terre cuite patinée, pièce unique
46 x 15 x 43 cm. 6,5 kgs. Prix D

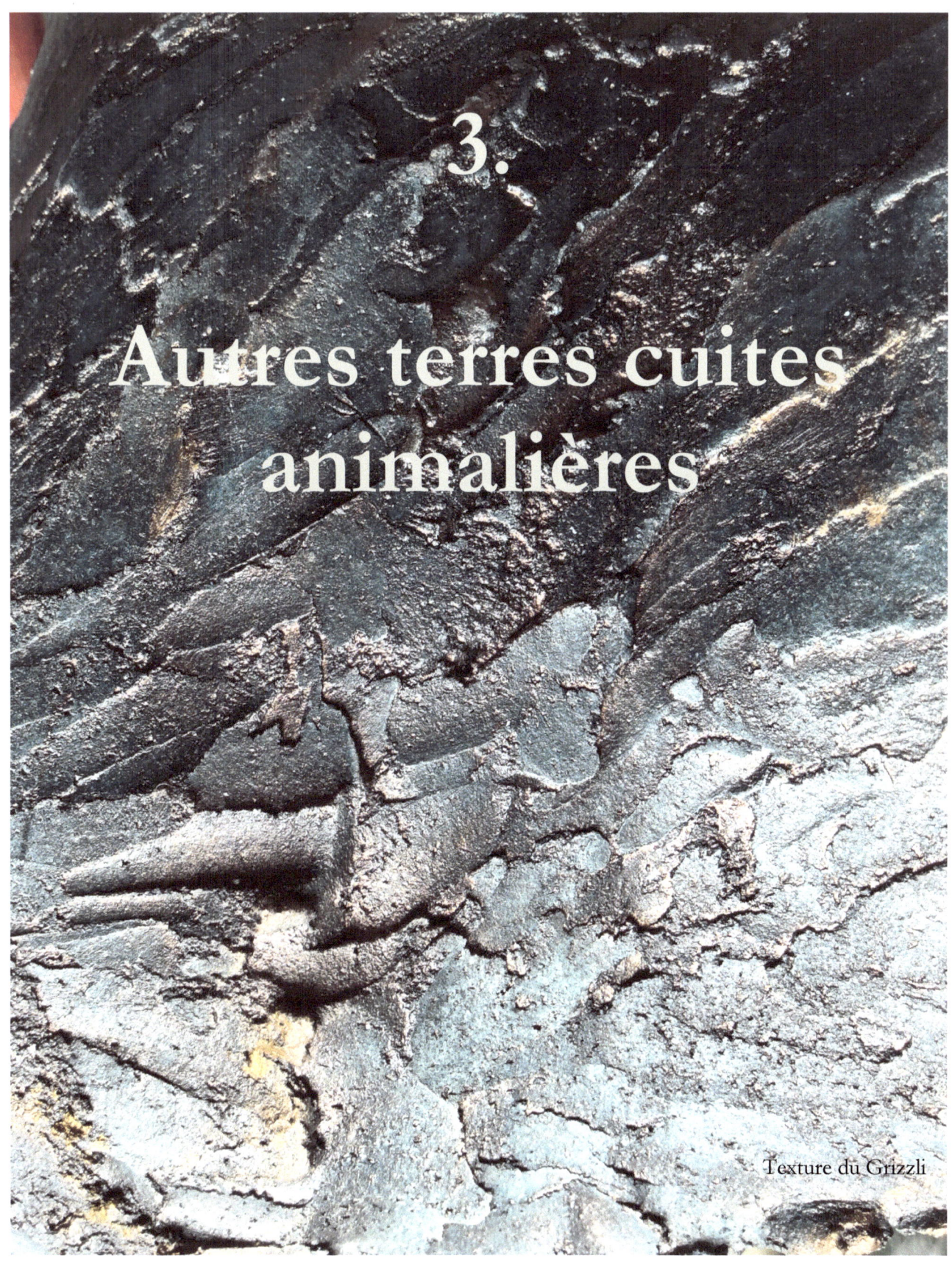

3.
Autres terres cuites animalières

Texture du Grizzli

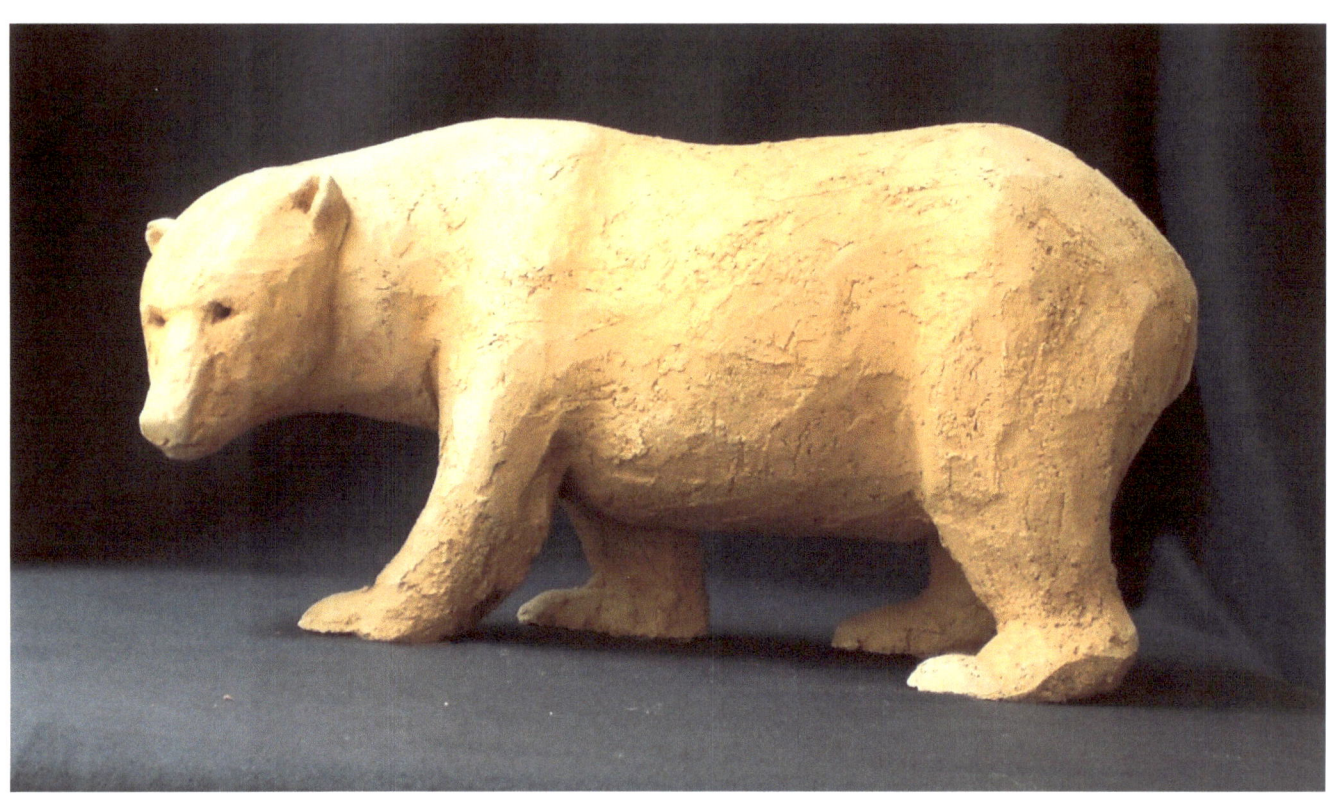

Ours blanc
Terre cuite, pièce unique
24 x 45 x 20 cm. 6,8 kgs. Prix C

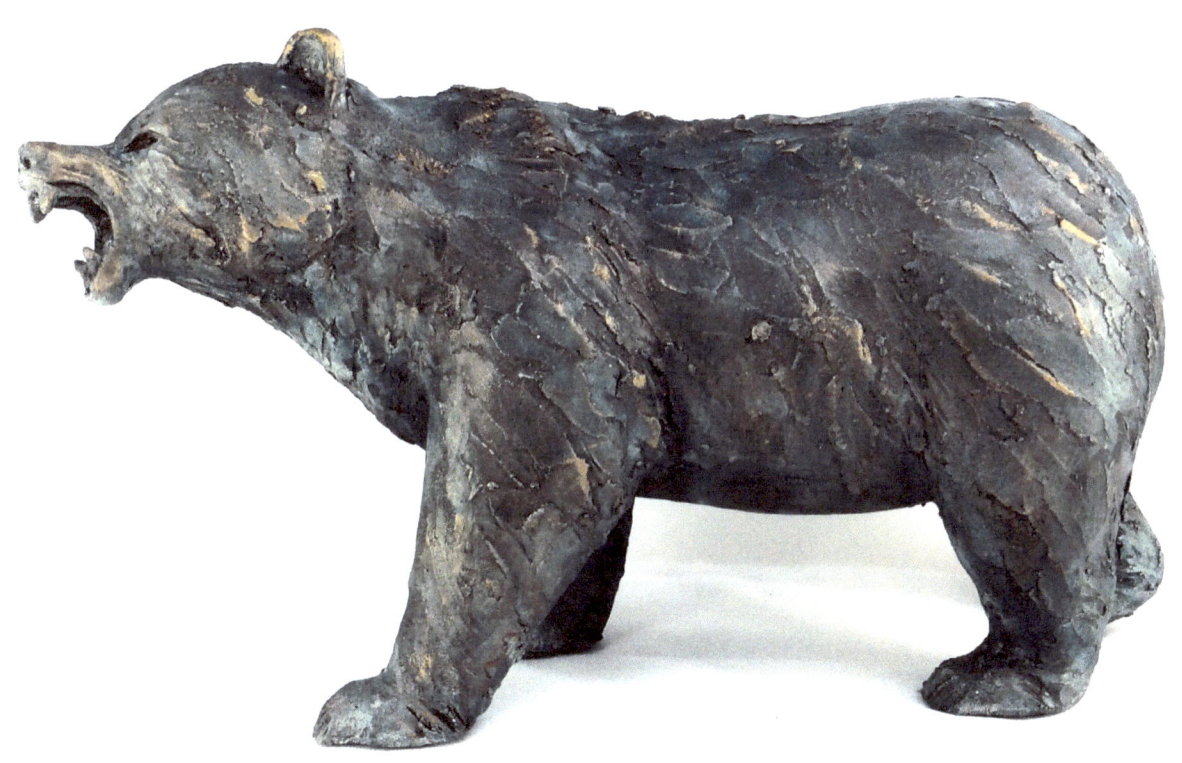

Grizzli
Terre cuite patinée, pièce unique
23 x 38 x 10 cm. 4,4 kgs. Prix C

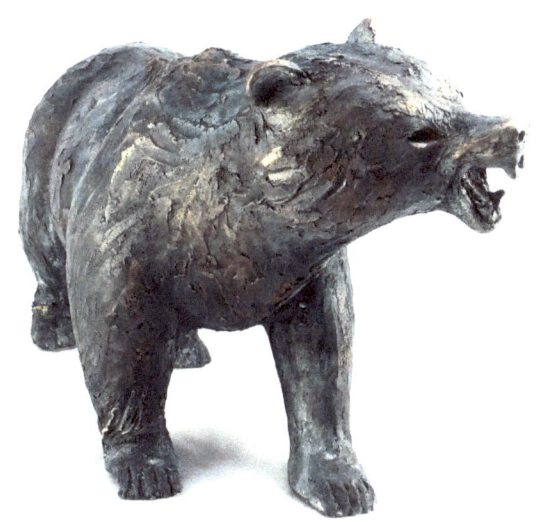

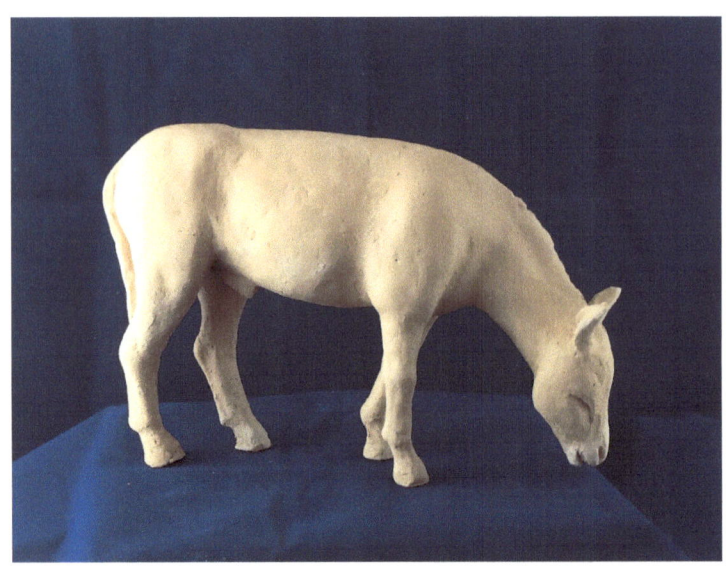

Âne broutant
Terre cuite, pièce unique
17 x 26 x 8 cm. 1,2 kg. Prix B

Ânon
Terre cuite patinée, pièce unique
20 x 19 x 11 cm. 0,85 kg. Prix B

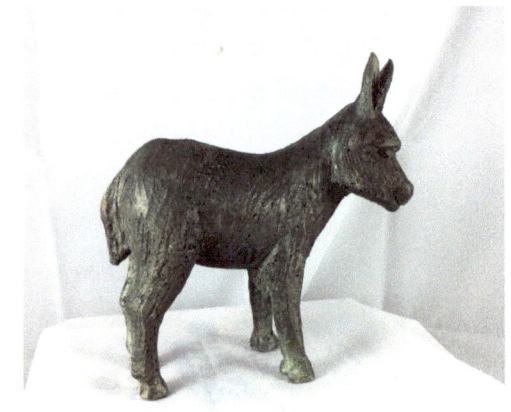

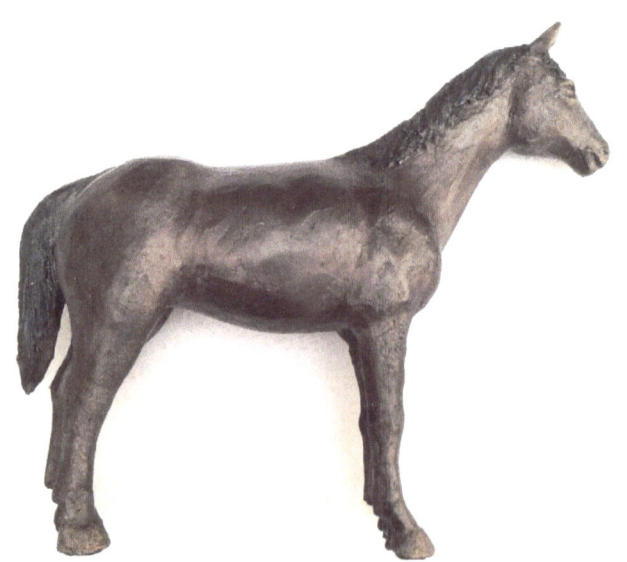

Étude de cheval
Terre cuite patinée, pièce unique
24 x 28 x 7 cm. 0,95 kg. Prix B

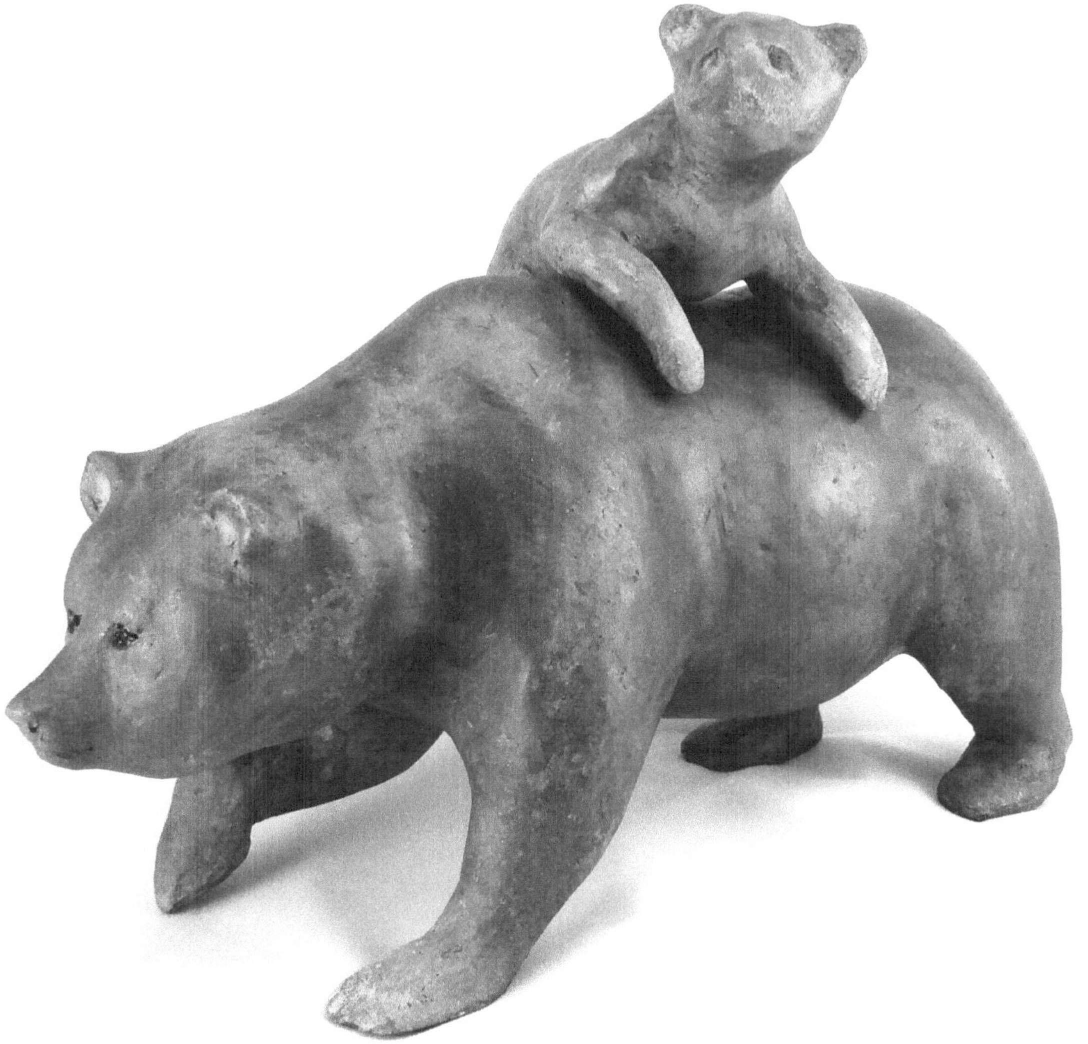

Ourse et son ourson
Terre cuite patinée, 2 pièces uniques
25 x 40 x 16 cm. 4,1 kgs. Prix C

Ourson pêcheur
Terre cuite patinée, pièce unique
15 x 17 x 9 cm. 0,9 kg. Prix B

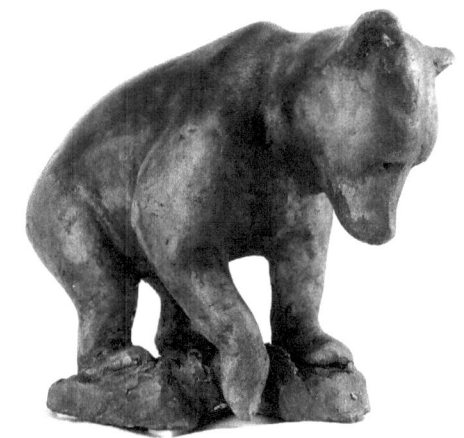

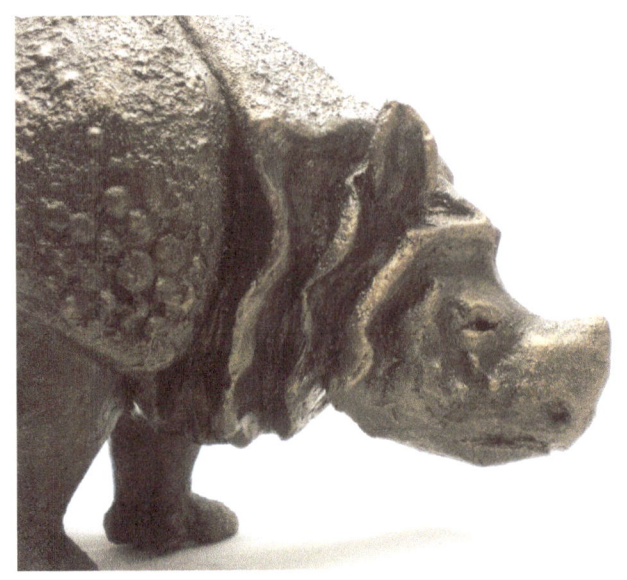

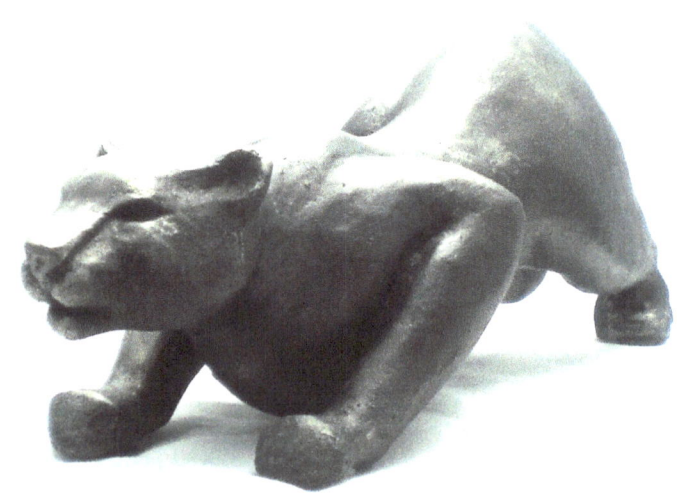

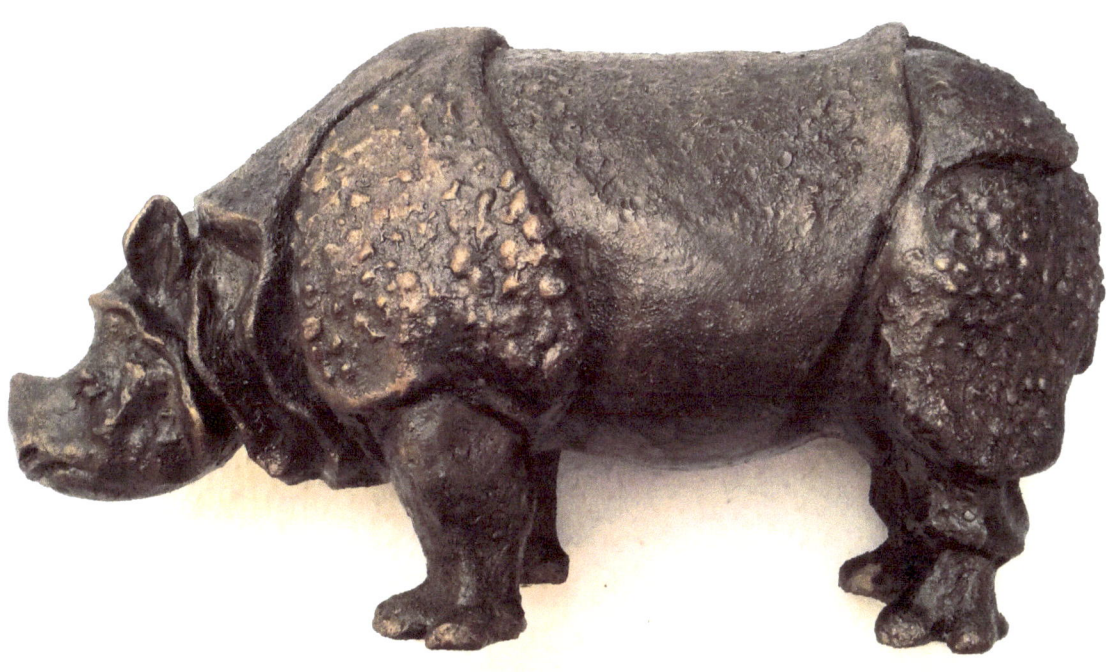

Rhinocéros d'Asie
Terre cuite patinée, pièce unique
18 x 34 x 11 cm. 3 kg. Prix C

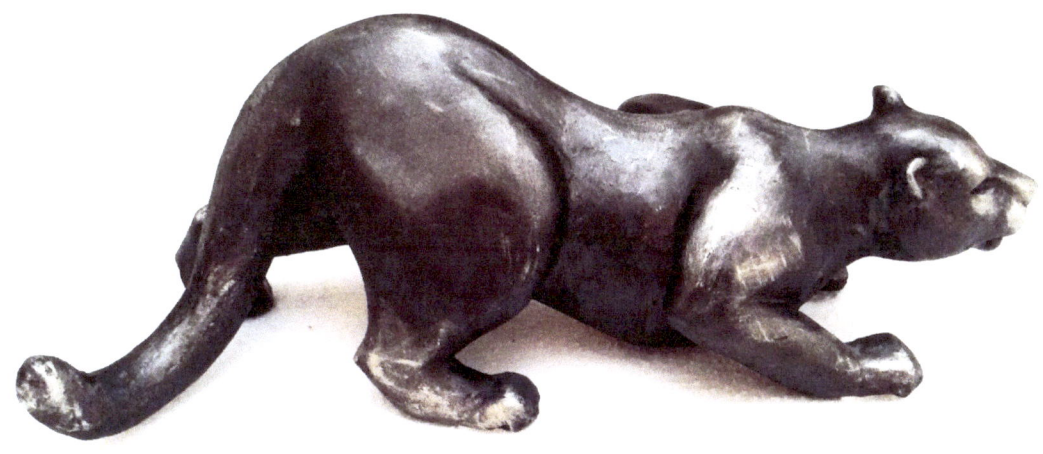

Panthère
Terre cuite patinée, pièce unique.
13 x 37 x 12 cm. 2 kg. Prix C

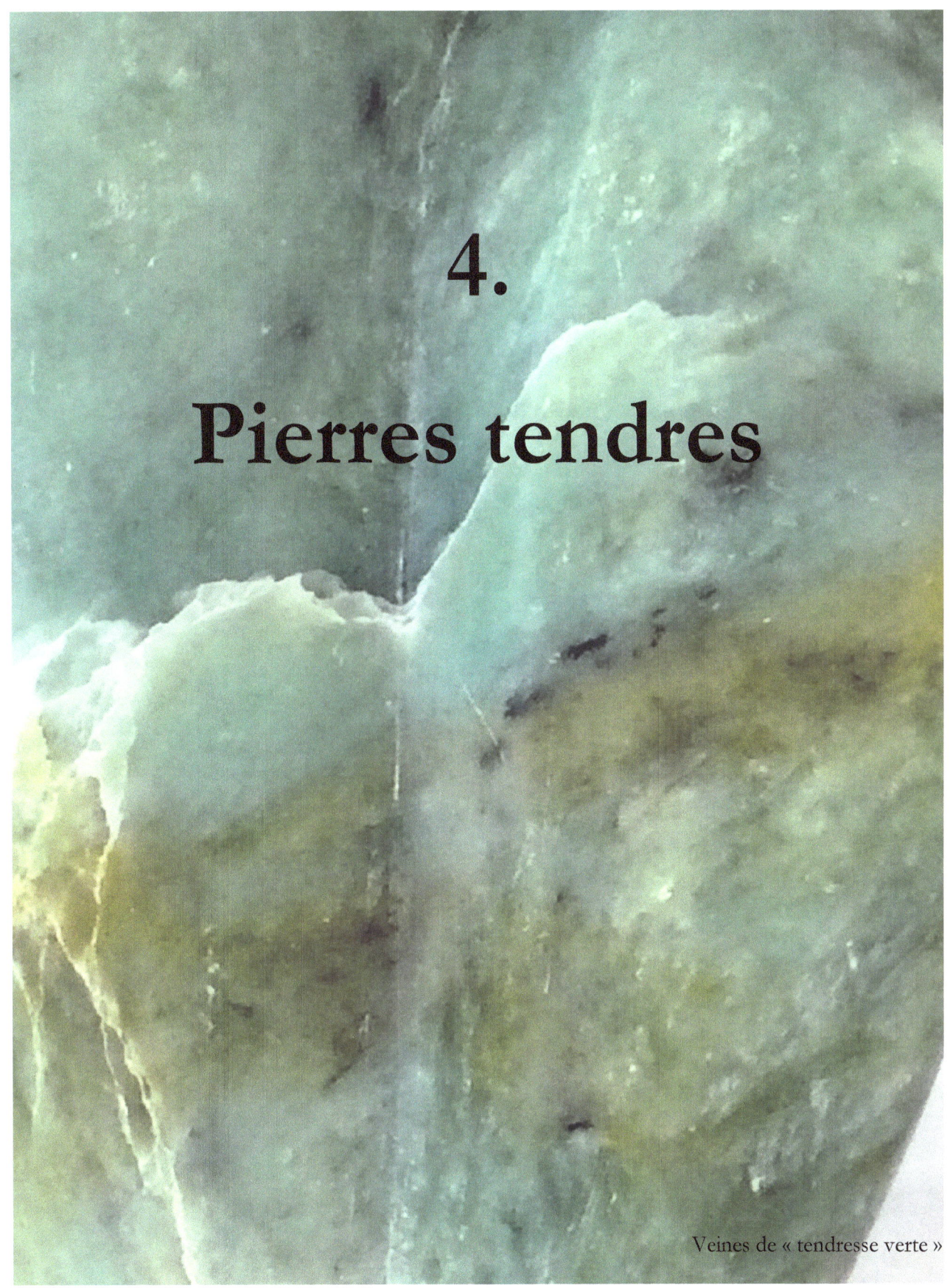

4. Pierres tendres

Veines de « tendresse verte »

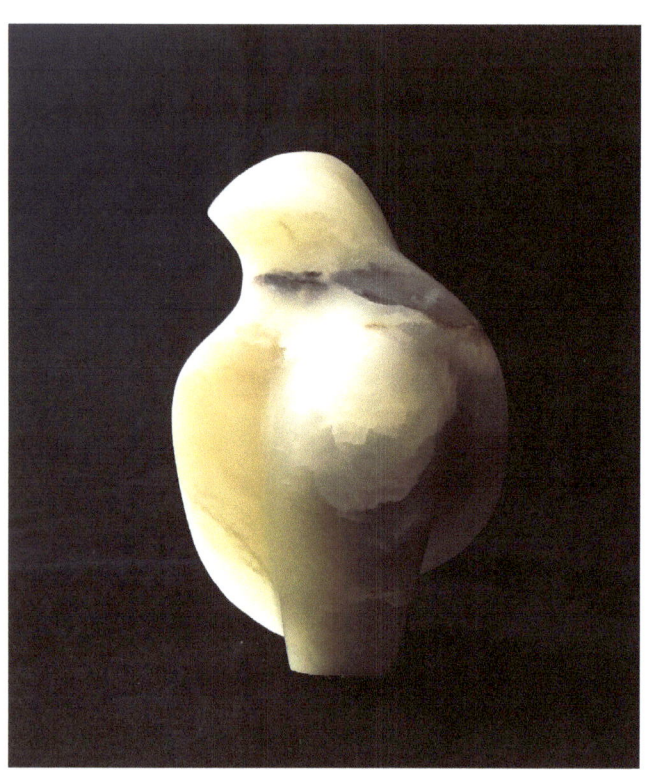

Petit oiseau ailes déployées
Stéatite blanche du Maroc, pièce unique
11 x 8 x 4 cm. 0,35kg. Prix A

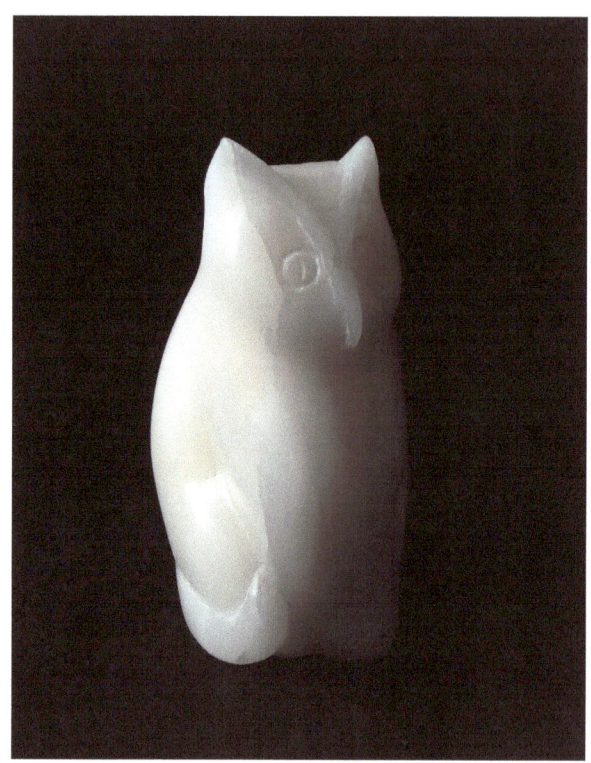

Chabou
Albâtre d'Espagne, pièce unique
11 x 6 x 7 cm. 0,57 kg. Prix A

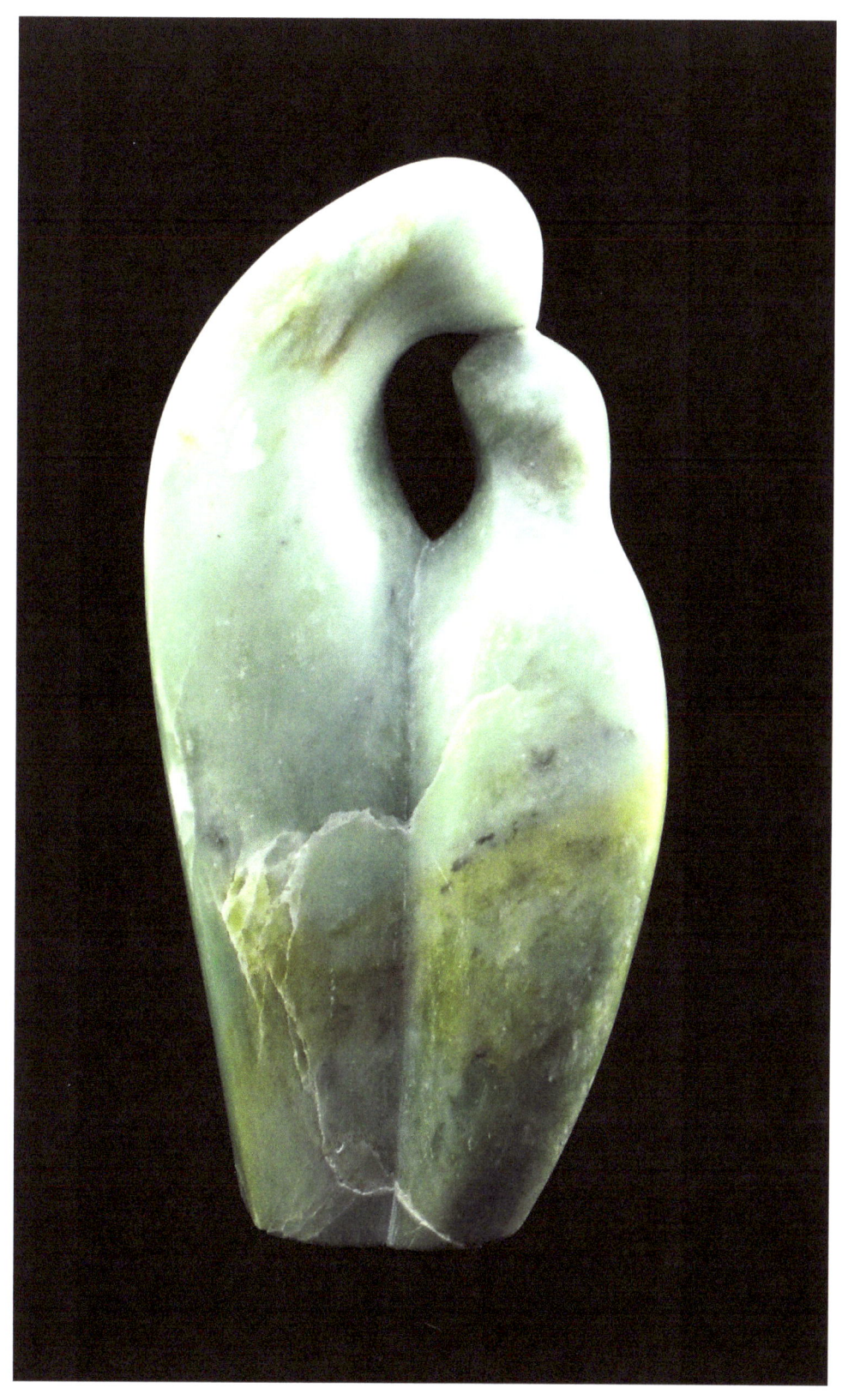

Tendresse verte
Stéatite verte de Chine, pièce unique
27 x 13 x 10 cm. 3,6 kgs. Prix F

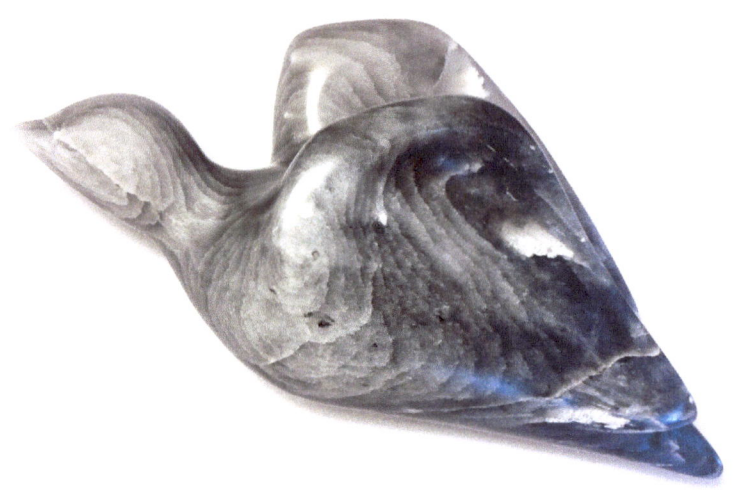

Vol
Serpentine noire d'Inde
10 x 7 x 20 cm. 0,825 kg. Prix E

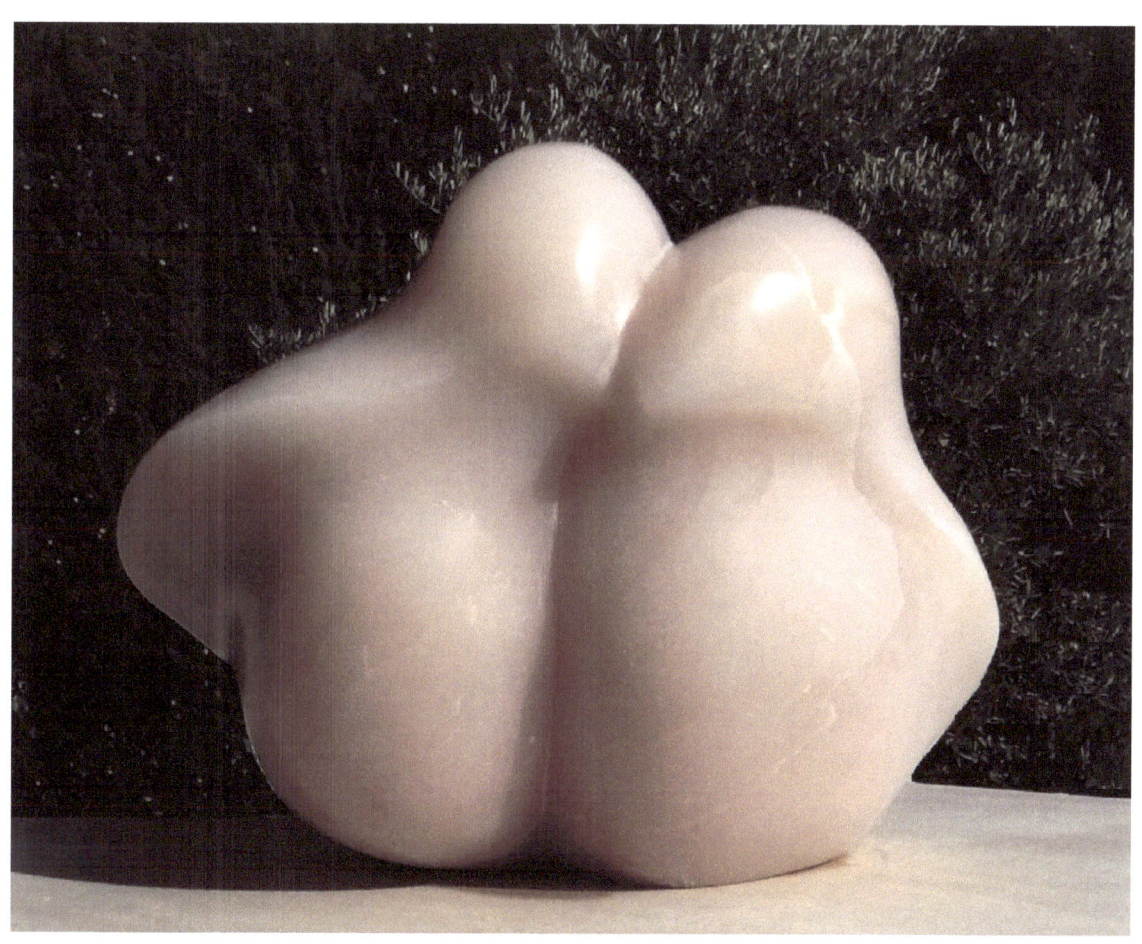

Tendresse rose
Stéatite rose de Chine
18 x 23 x 29 cm. 8,1 kgs. Prix F

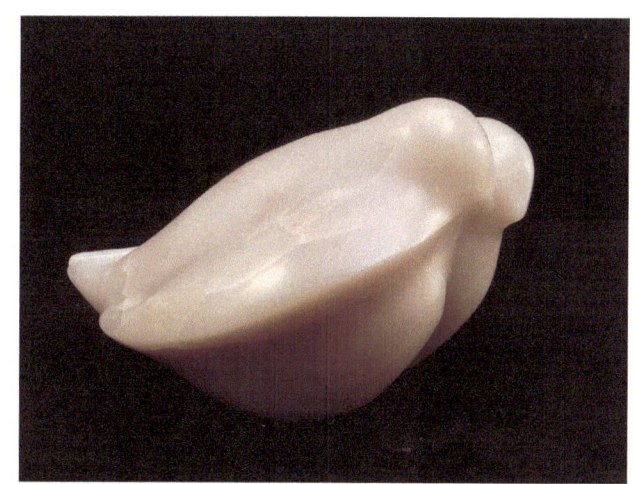

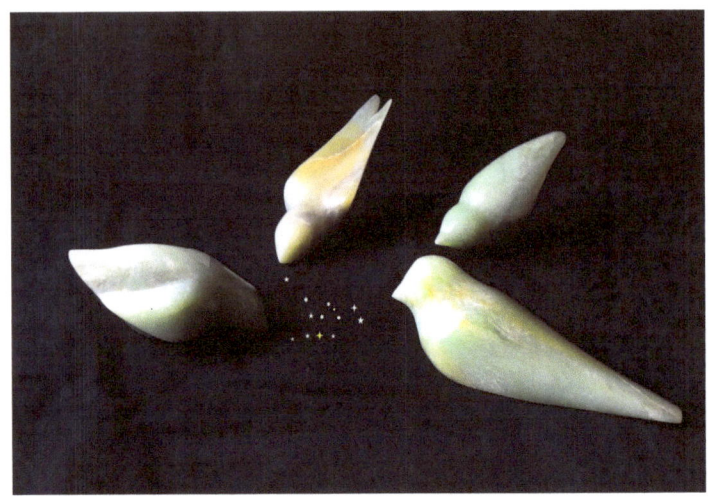

Petits oiseaux picoreurs
Stéatite verte de Chine, pièces uniques
6-3 x 4-5 x 8-11,5 cm. 0,3-0,6 kg. Prix à l'unité A

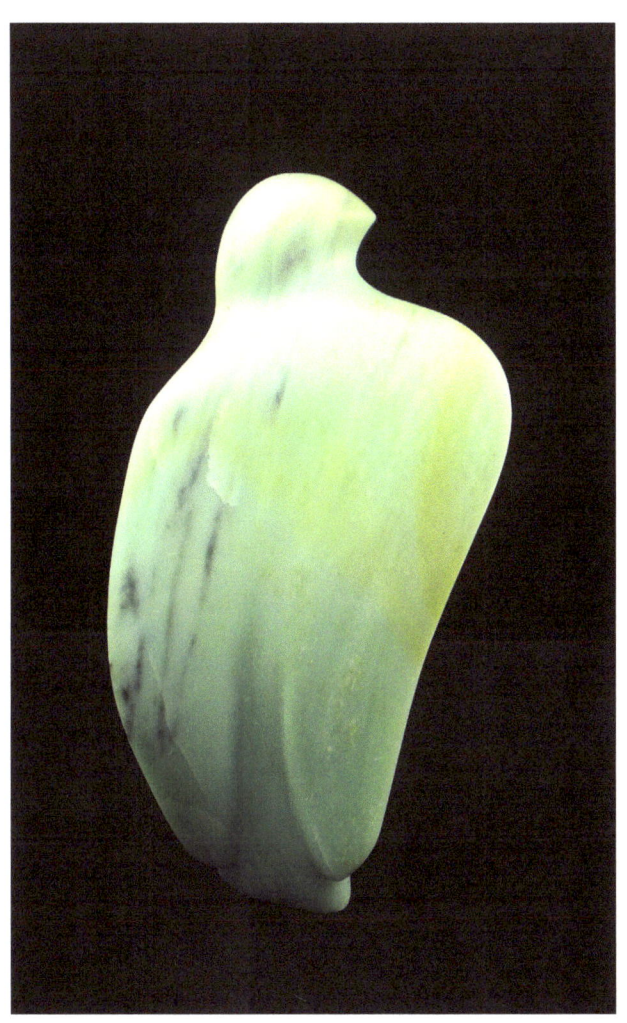 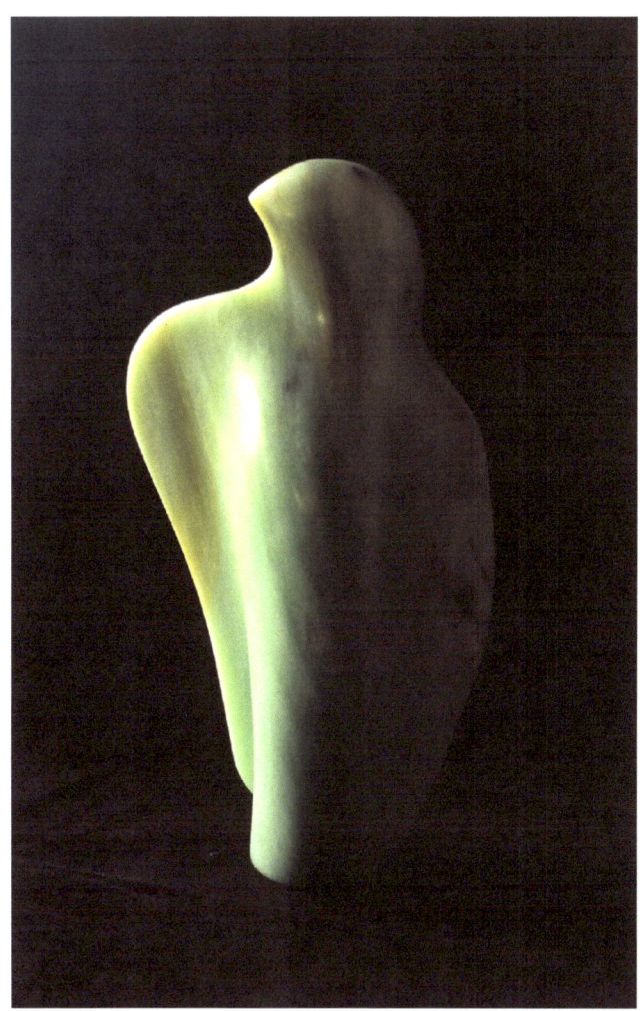

Oiseau vert, ailes déployées
Stéatite verte de Chine, pièce unique
27 x 16 x 9 cm. 3 kgs. Prix F

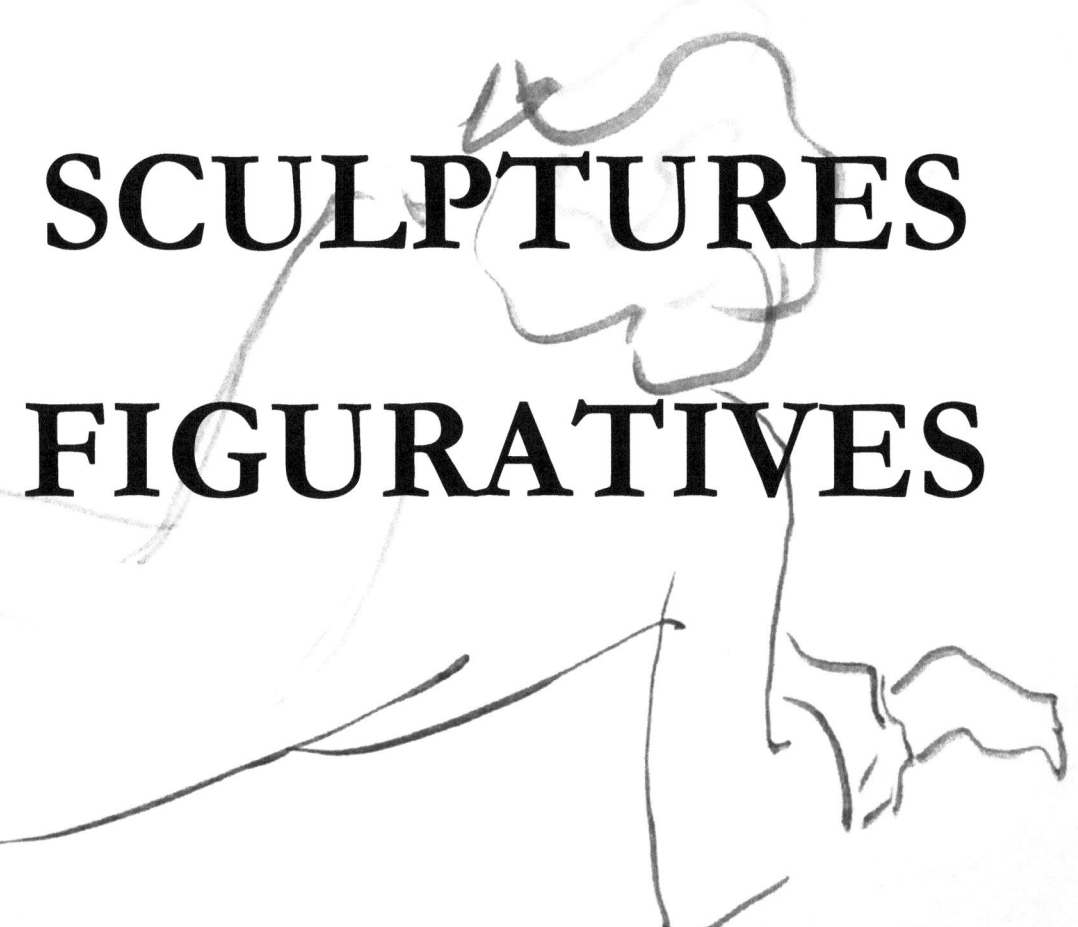

SCULPTURES FIGURATIVES

Esquisse au fusain sur papier

1. Bronzes

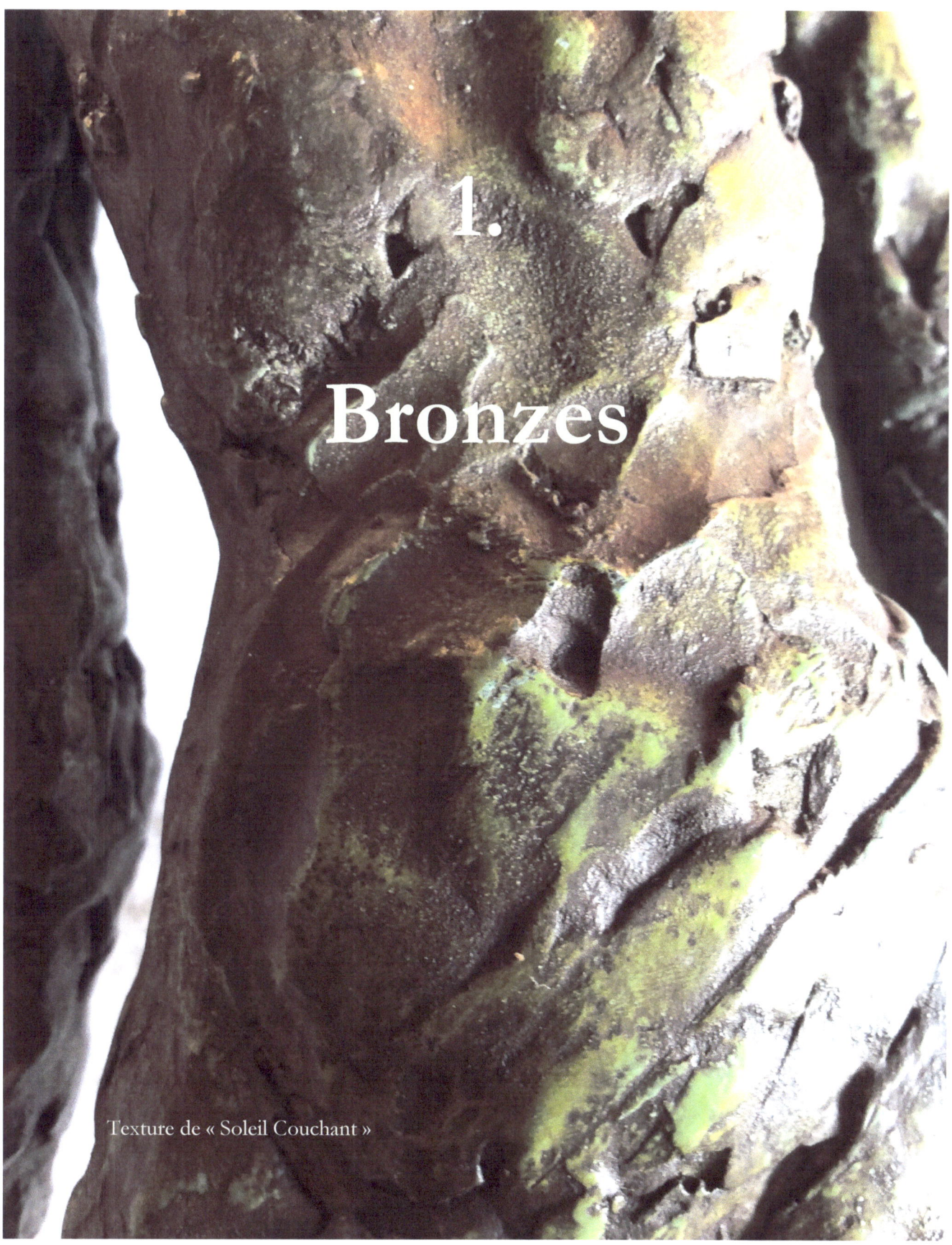

Texture de « Soleil Couchant »

Les formes étirées, dématérialisées, renvoient à des réalités abstraites.

Le soleil est un yoyo dans l'espace ; les ombres prennent corps.

Seuls les êtres de chair ont un volume.

Vie

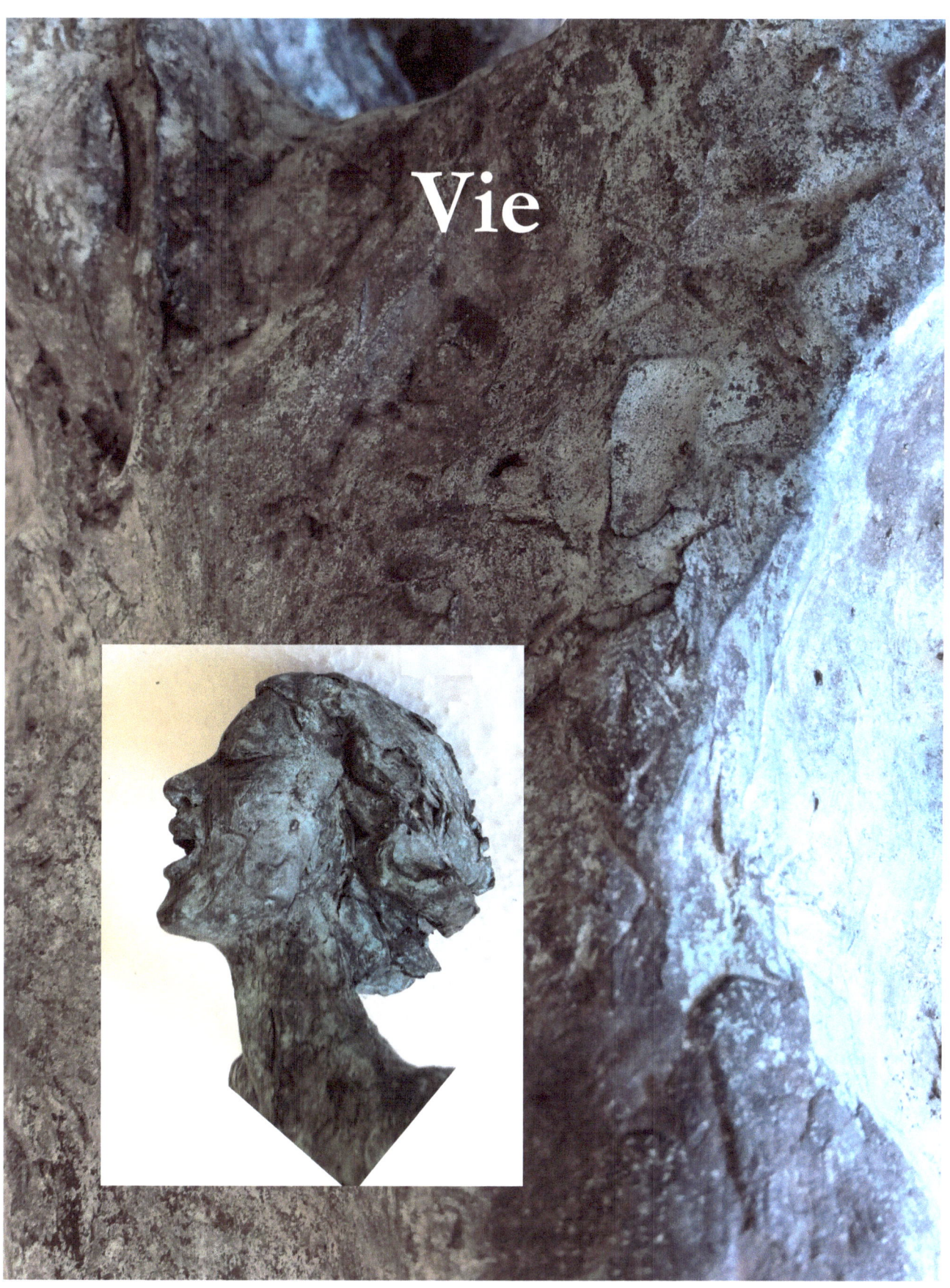

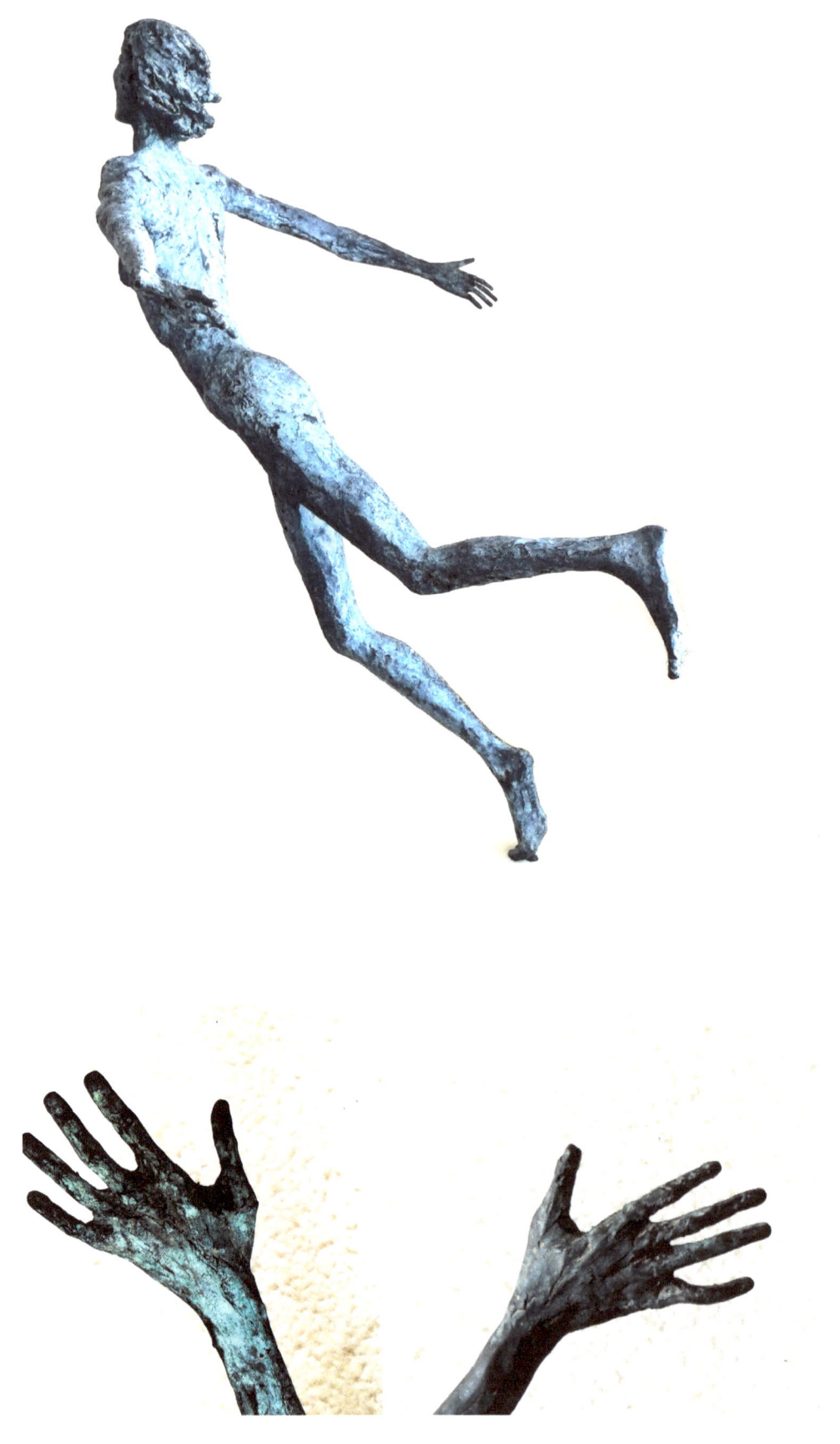

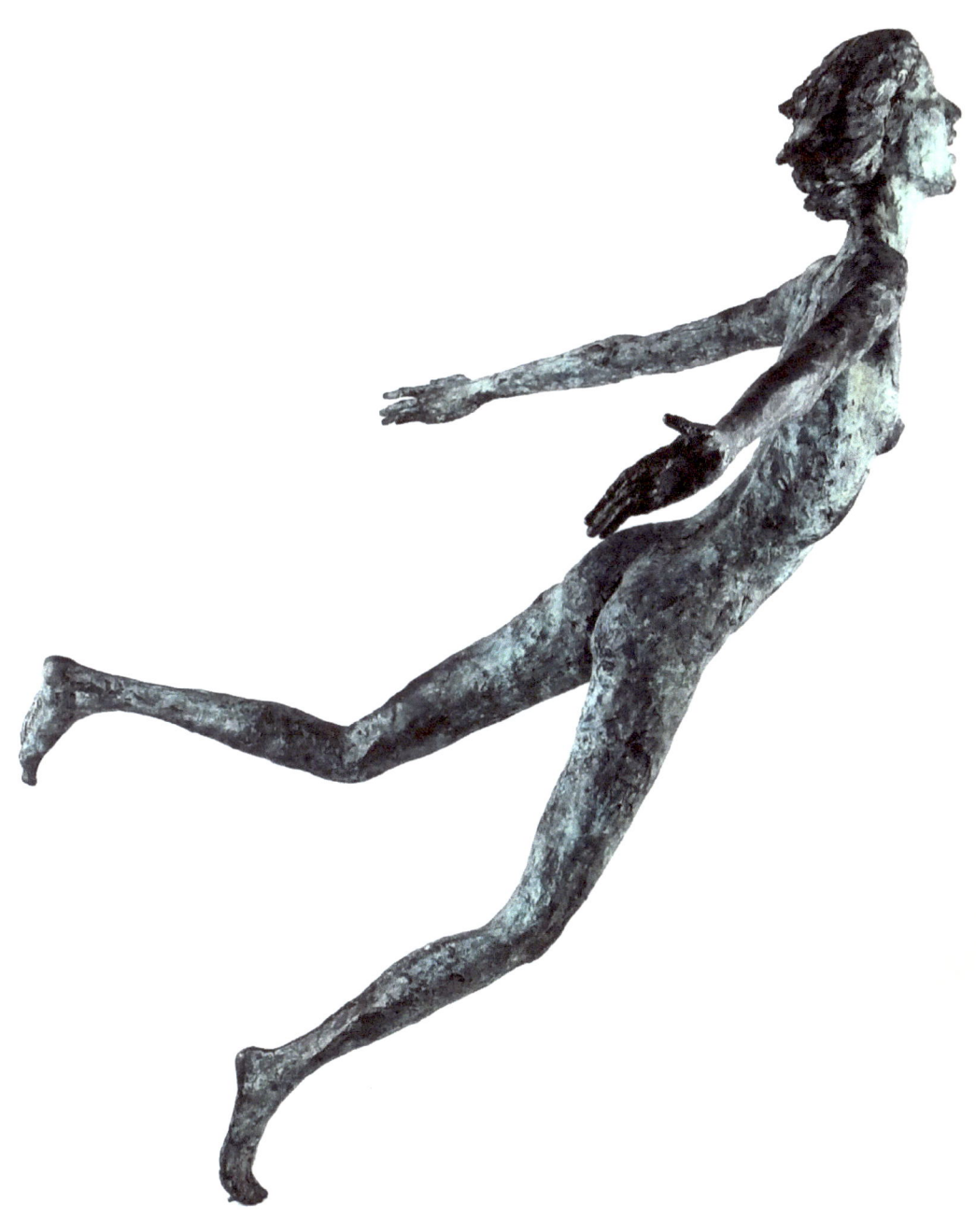

Vie
Elle se lance, impulsive, insouciante, joyeuse, folle, libre, indomptée ; elle est plus forte que tout, échappe à tout contrôle...
Bronze
65 x 29 x 53 cm. 7,8 kgs. Prix I

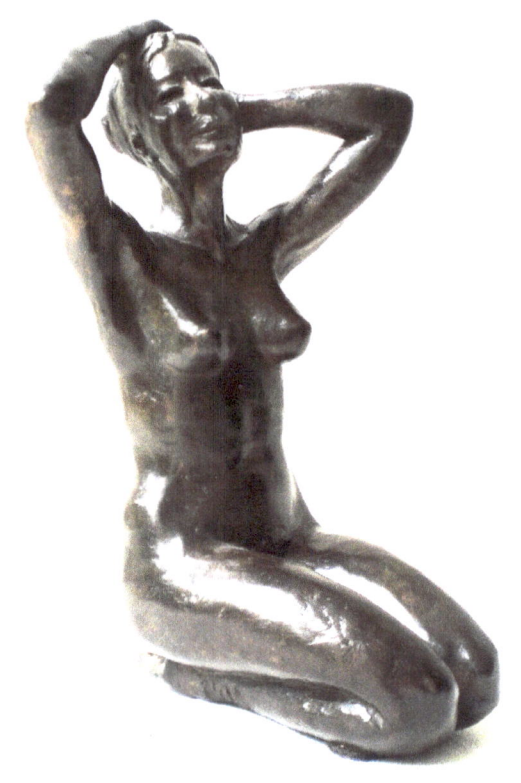

Femme attachant ses cheveux
Bronze
21 x 14 x 13 cm. 1,9 kg. Prix F

Soleil couchant

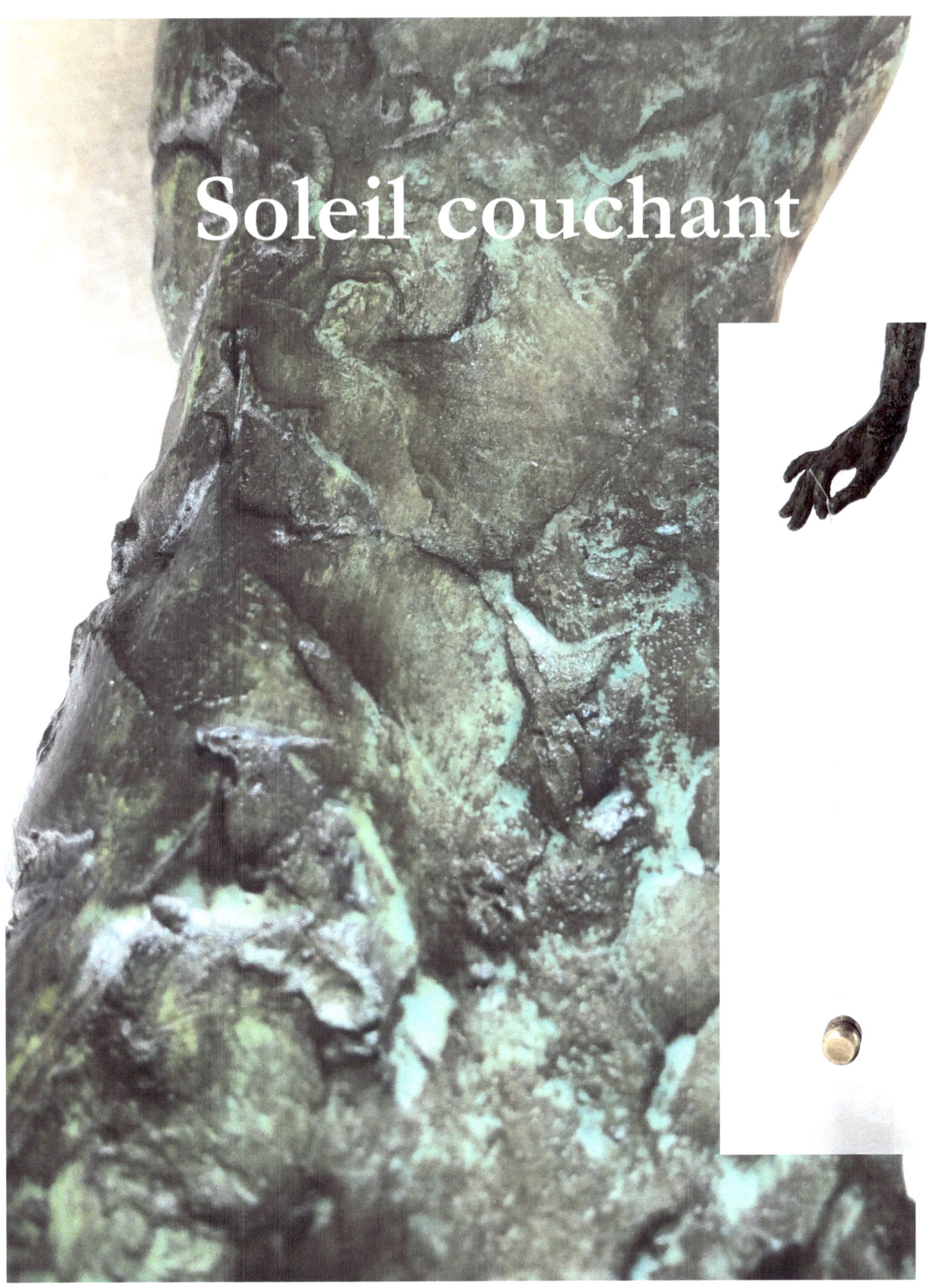

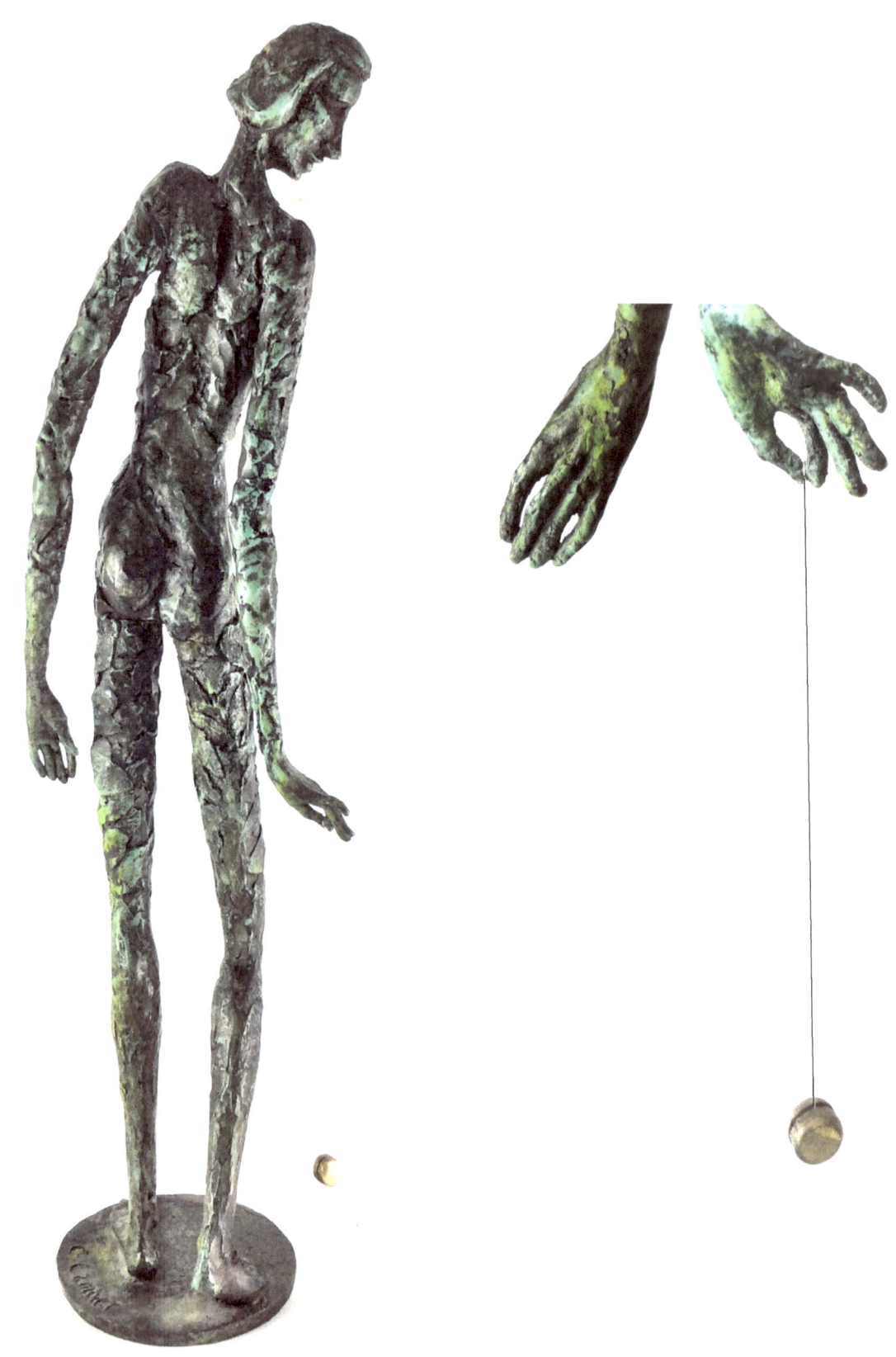

Soleil couchant
Quand le soleil descend, les ombres s'allongent...
Bronze
52 x 15 x 12 cm. 4,1 kgs. Prix I

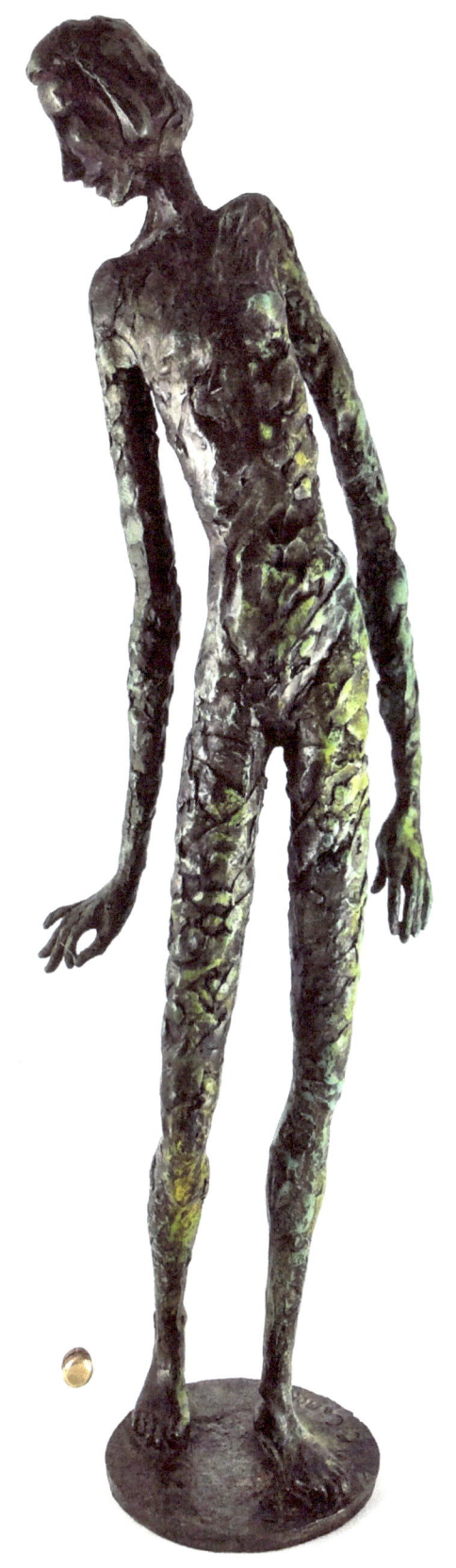

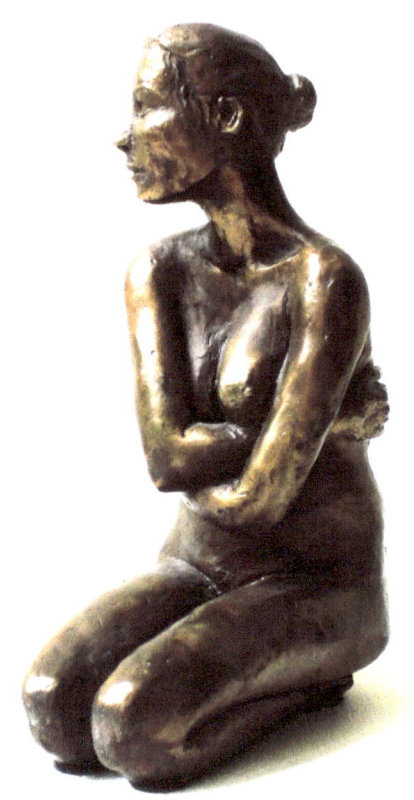

Frileuse
Bronze
19 x 8 x 13 cm. 1,6 kg. Prix F

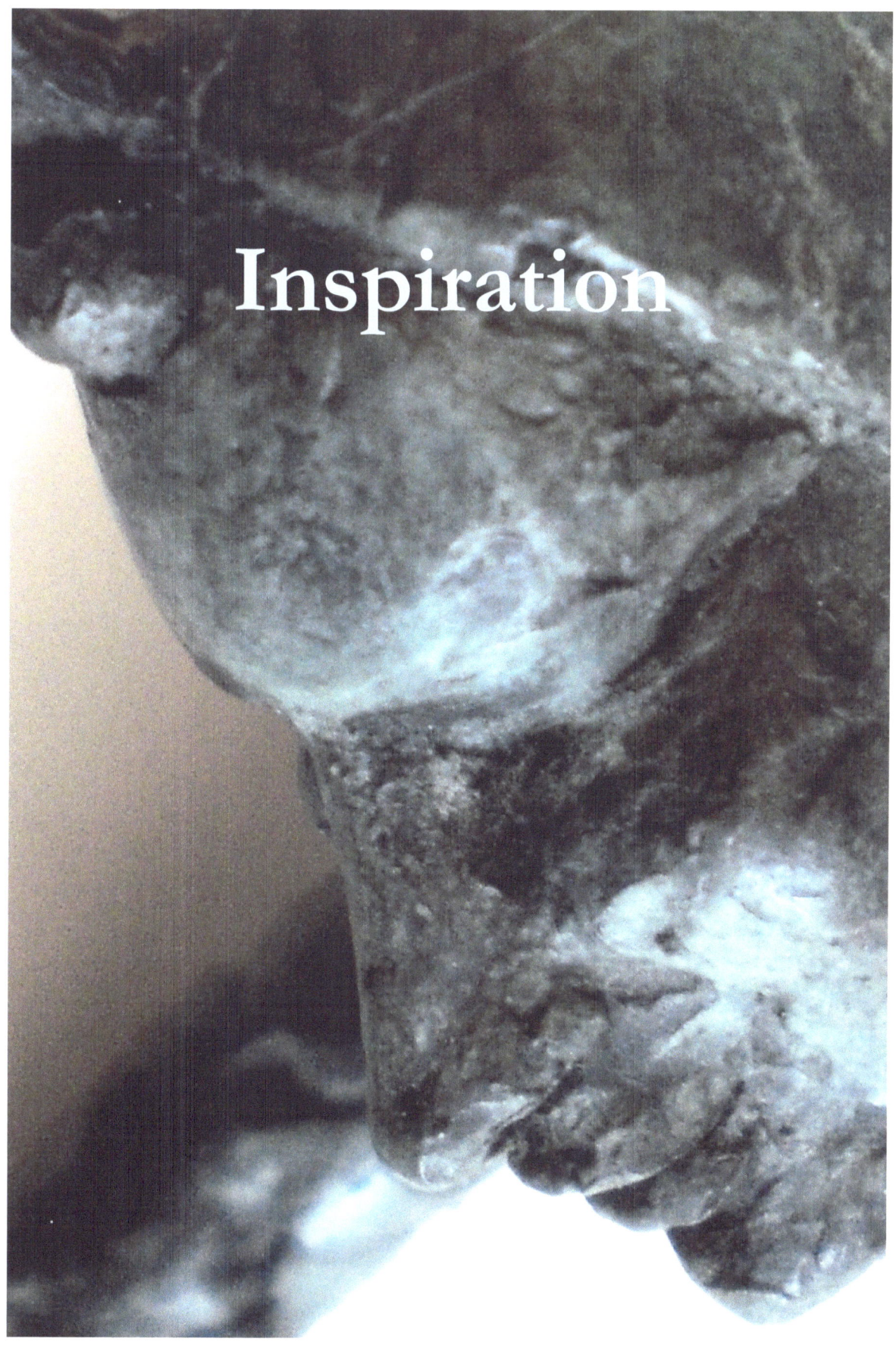

Inspiration

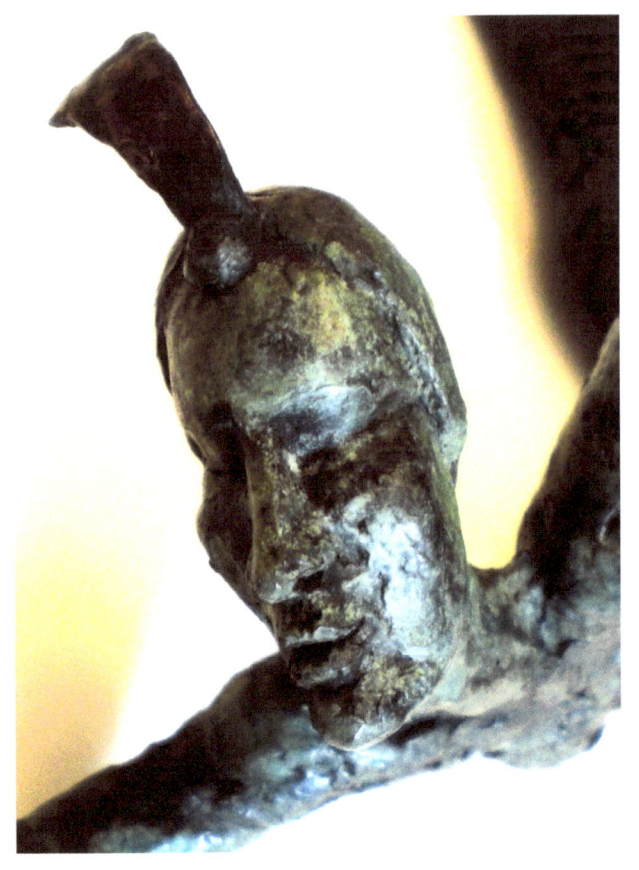
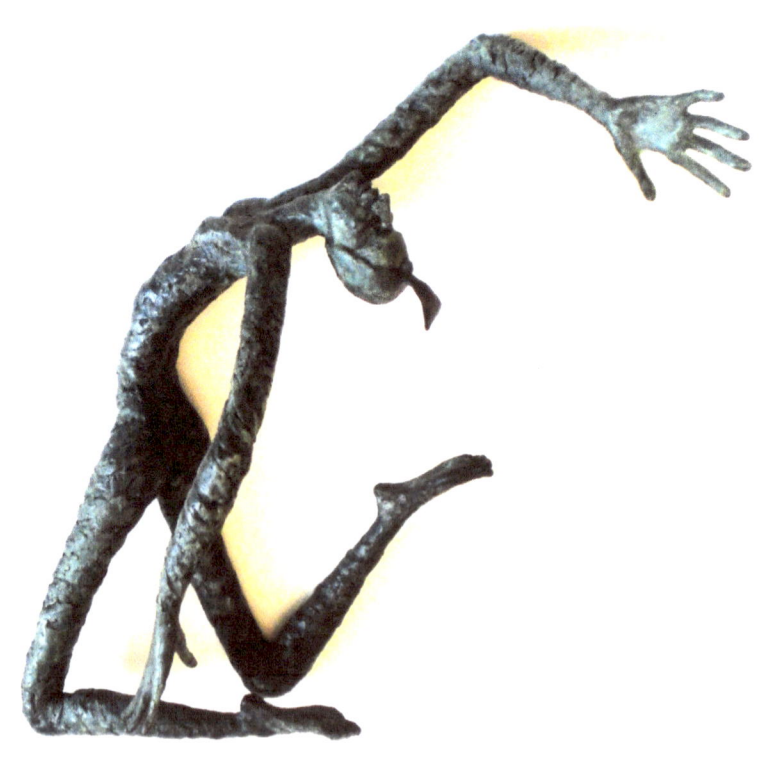

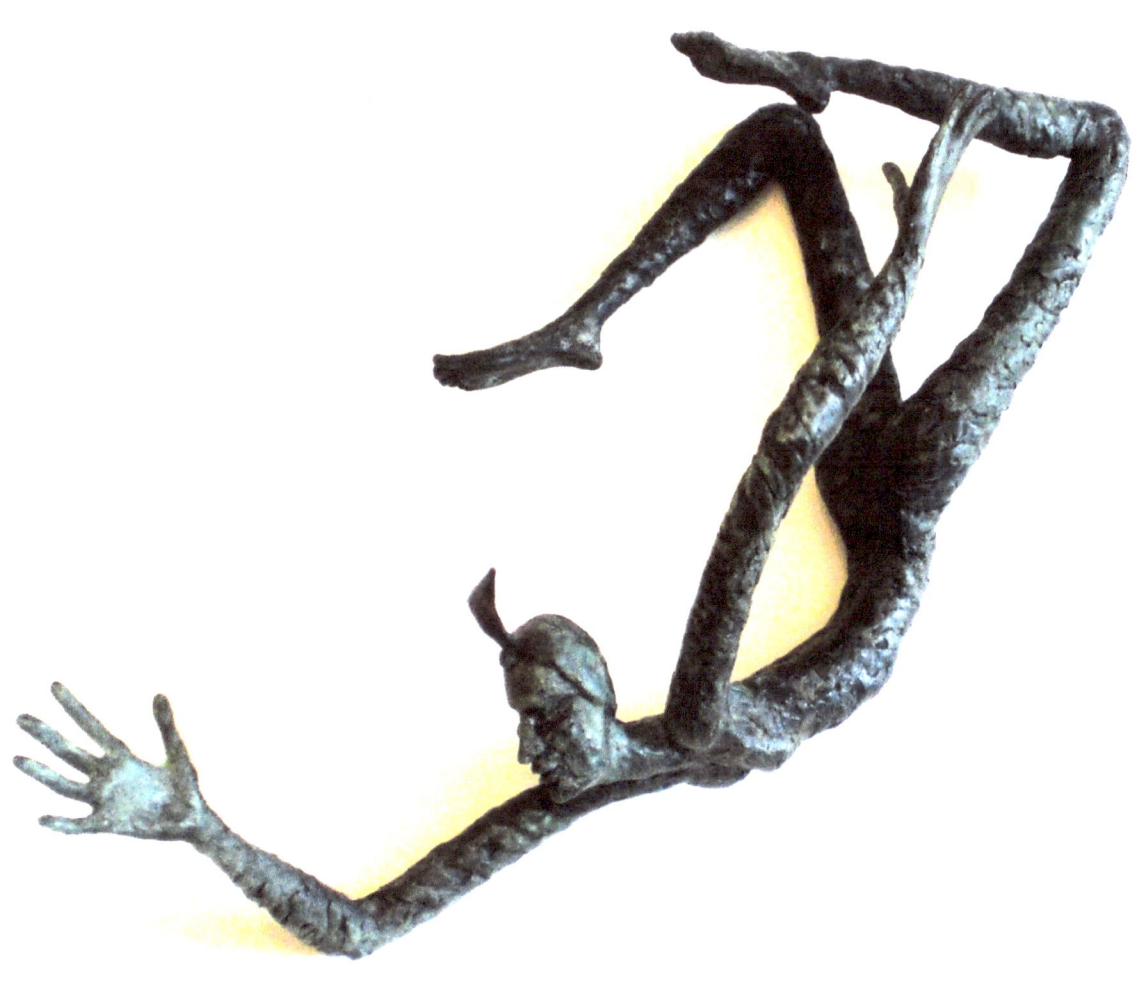

Inspiration
Son souffle jaillit ; elle tombe du ciel comme l'éclair.
Bronze
45 x 20 x 16 cm. 2,5 kgs. Prix I

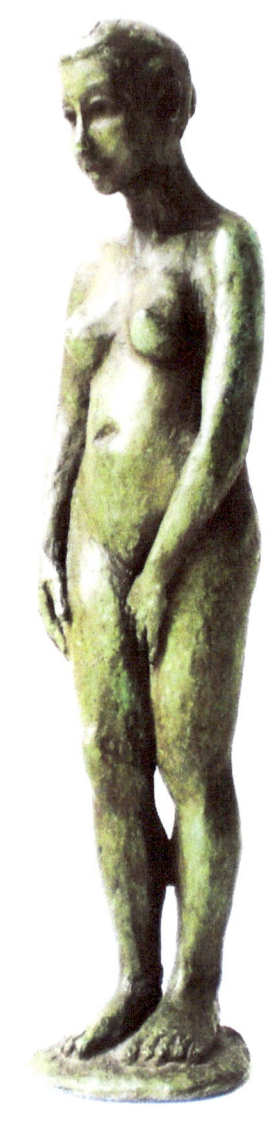

Méditation
Bronze
26 x 7 x 6 cm. 1,1 kg. Prix F

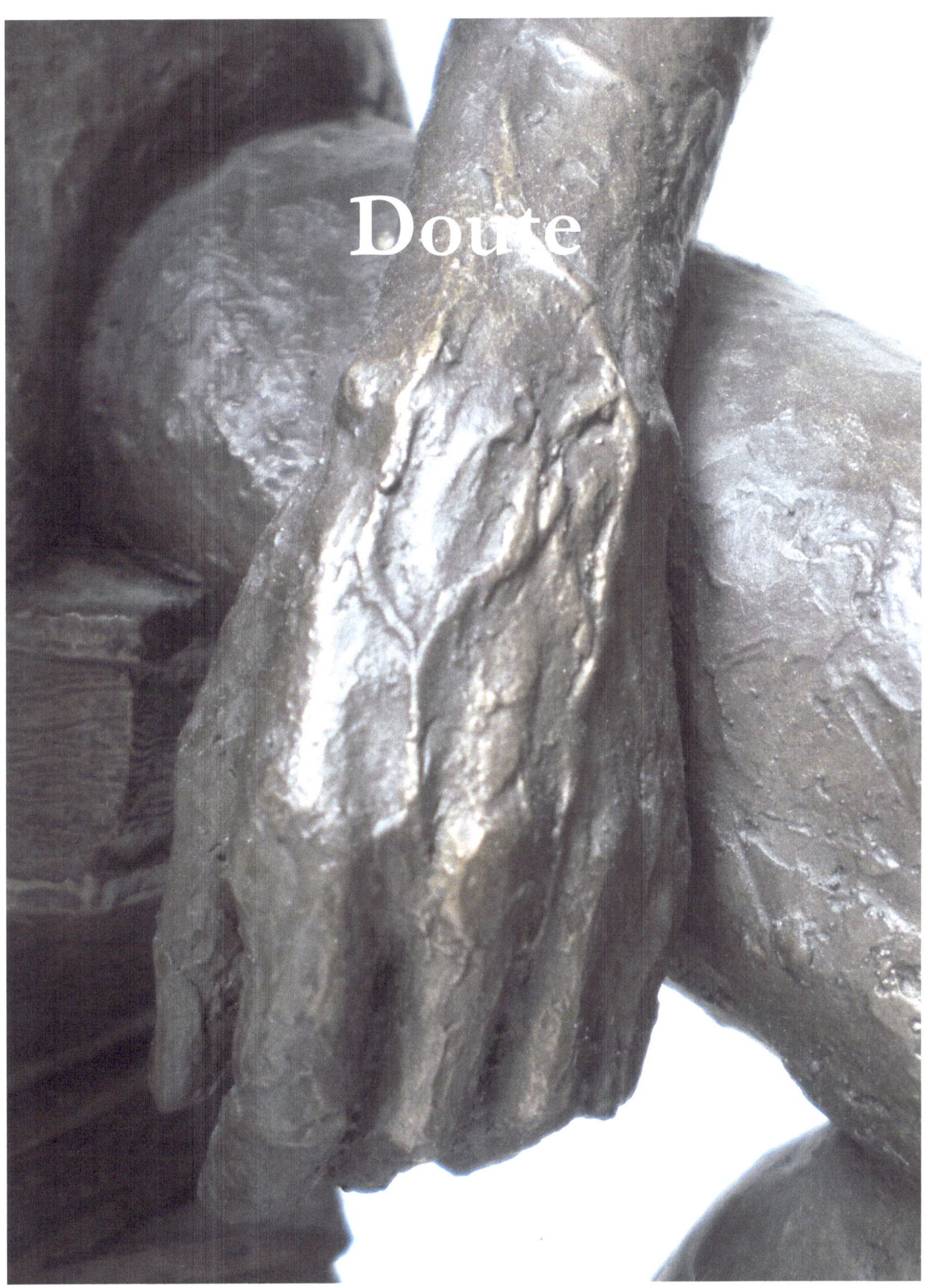

Doute

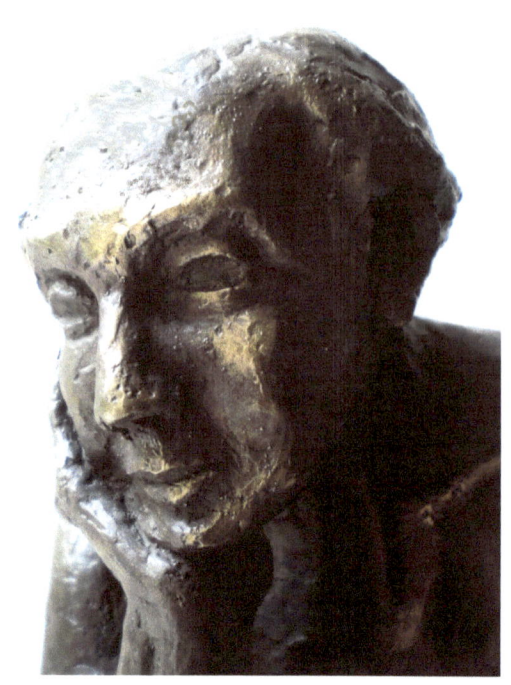
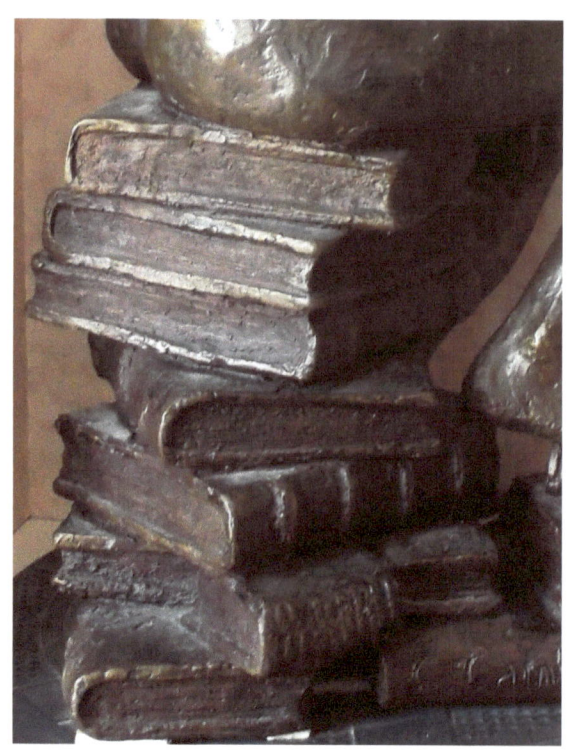
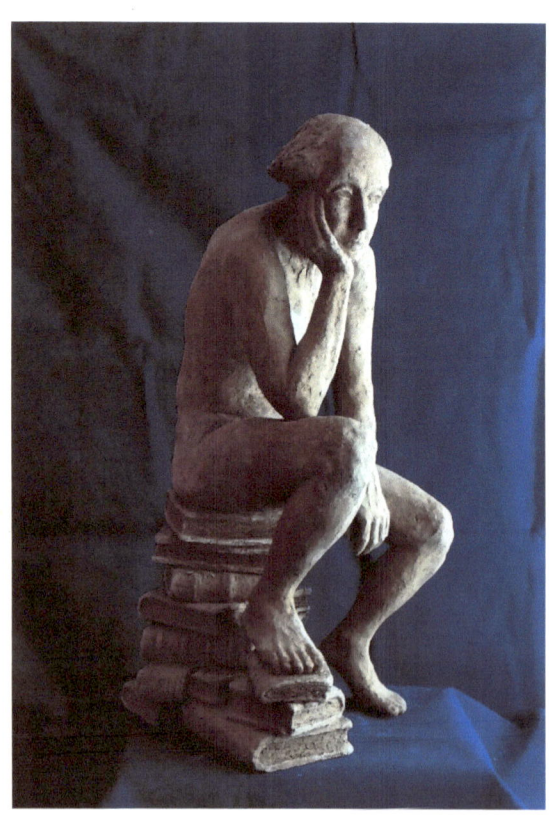

Pièce originale en terre cuite
Pièce unique
5,7 kgs. Prix D

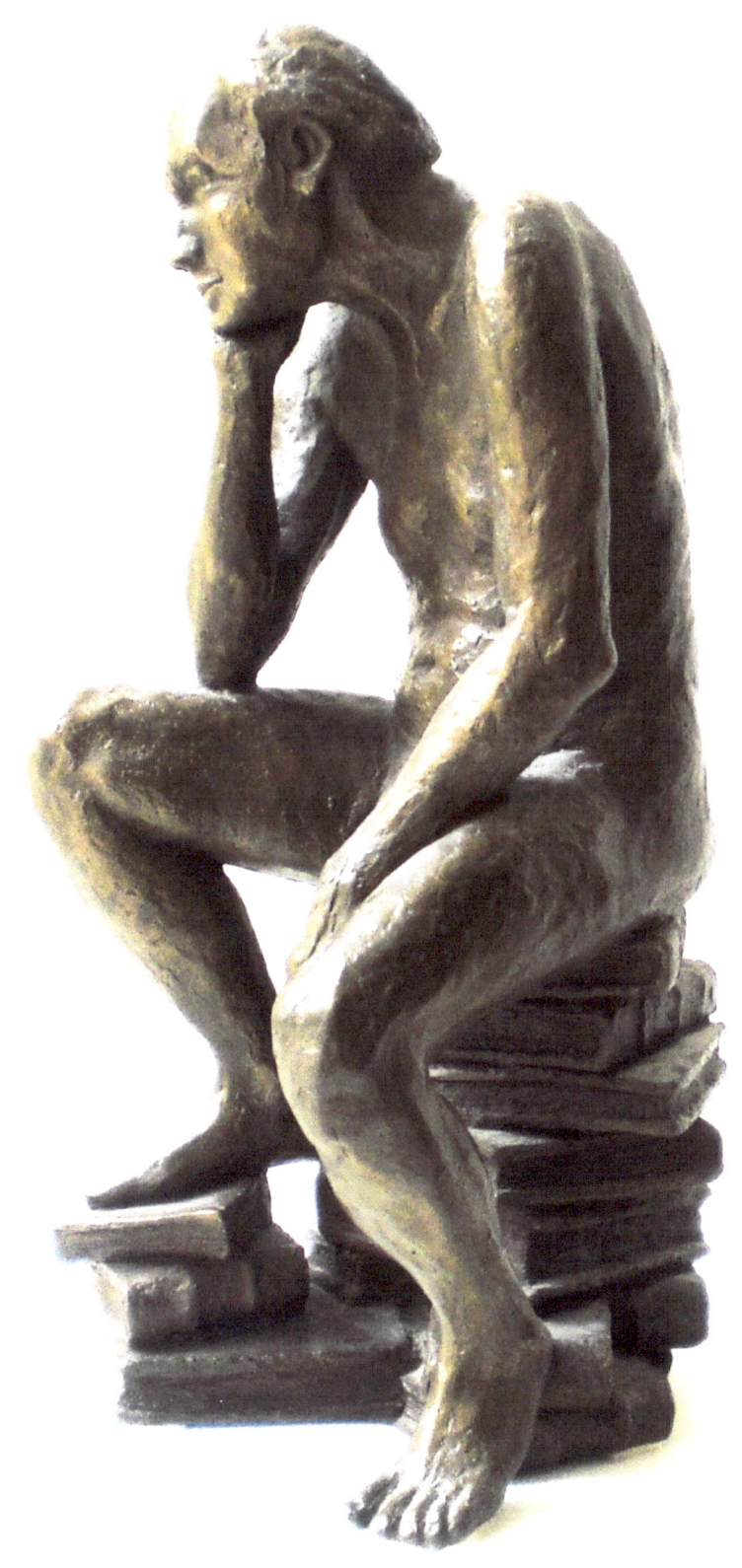

Doute
J'ai lu tous les livres qui prétendent contenir la Vérité. C'est pourquoi je doute.
Bronze
44 x 21 x 25 cm. 17,2 kgs. Prix I

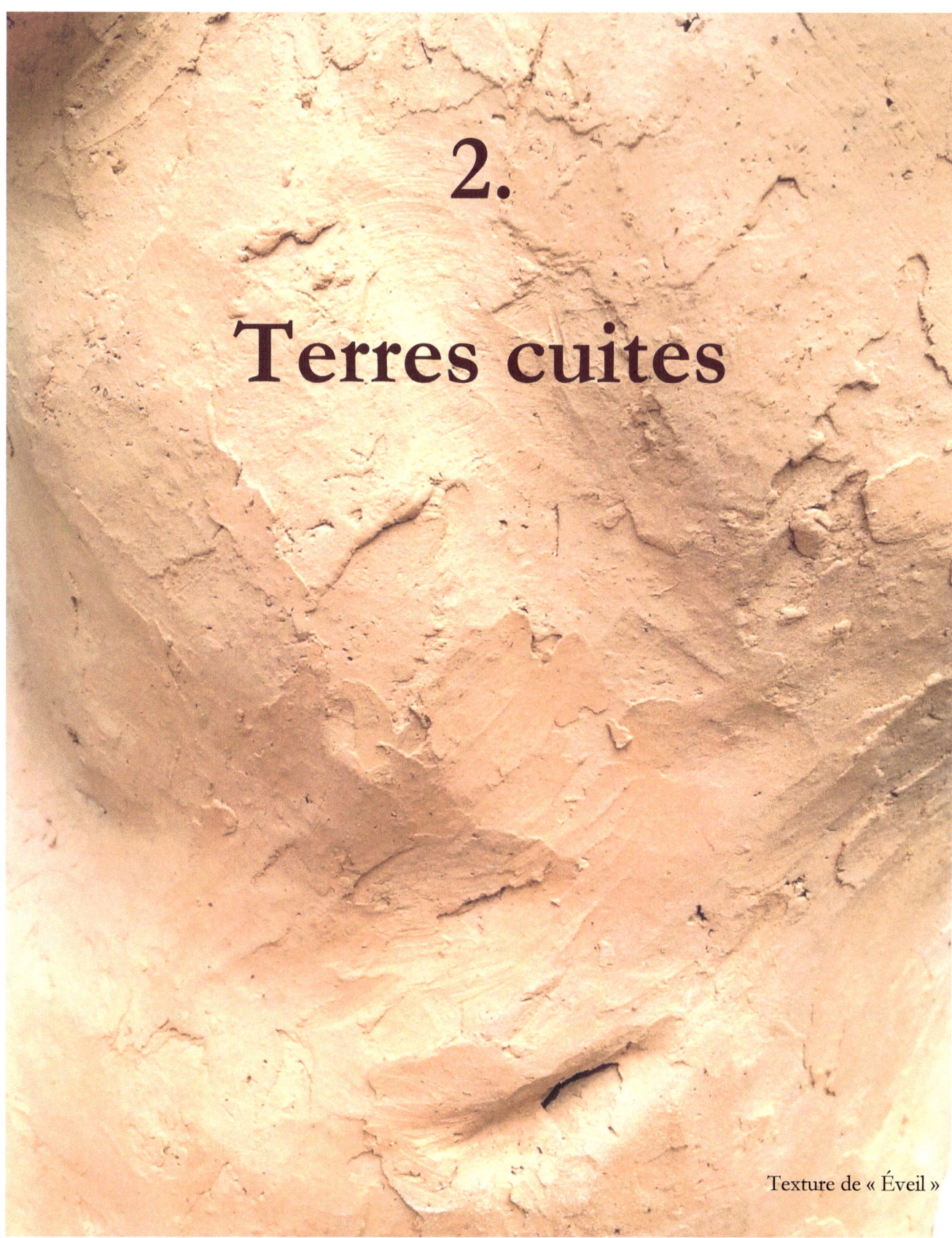

2. Terres cuites

Texture de « Éveil »

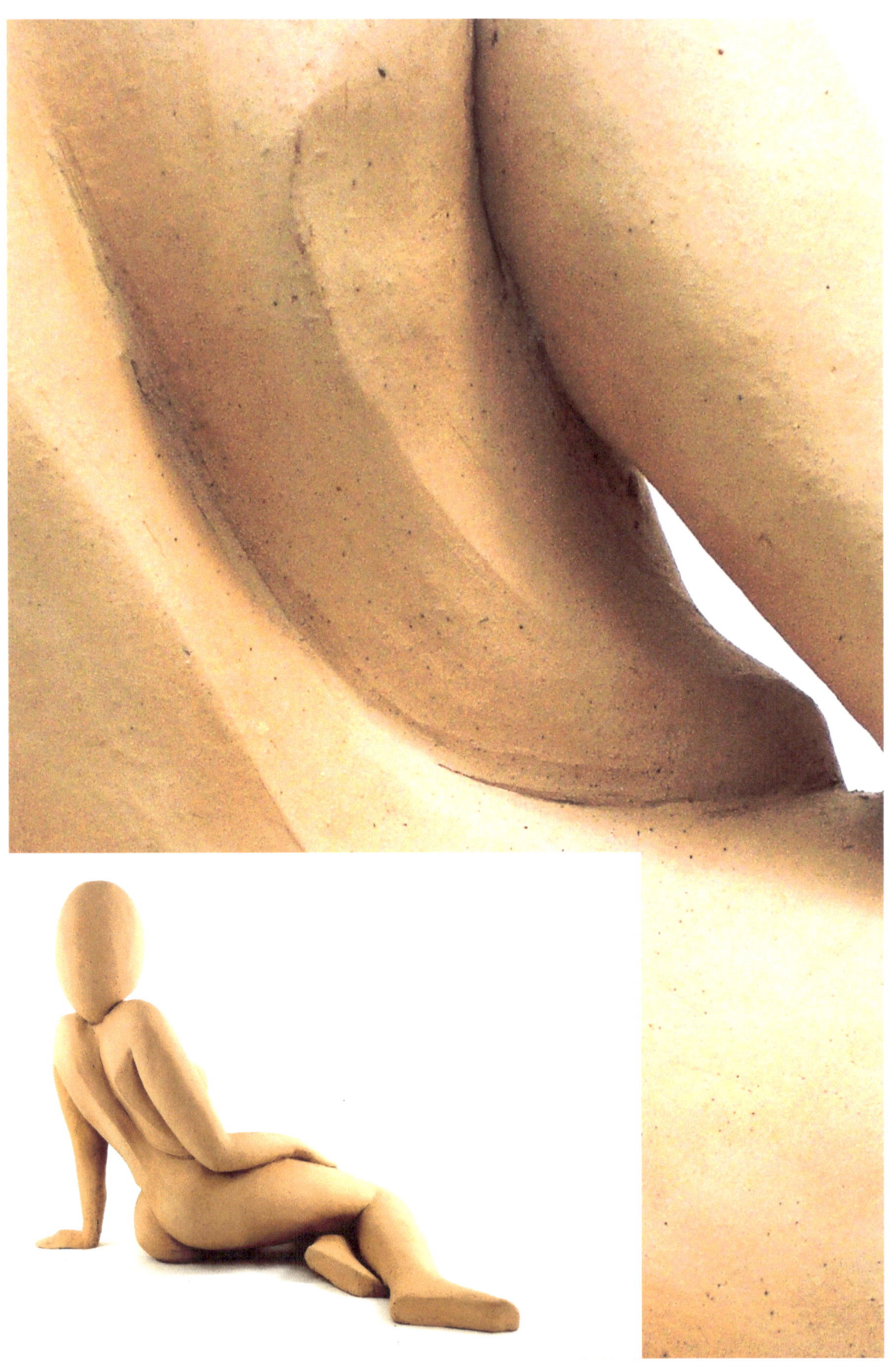

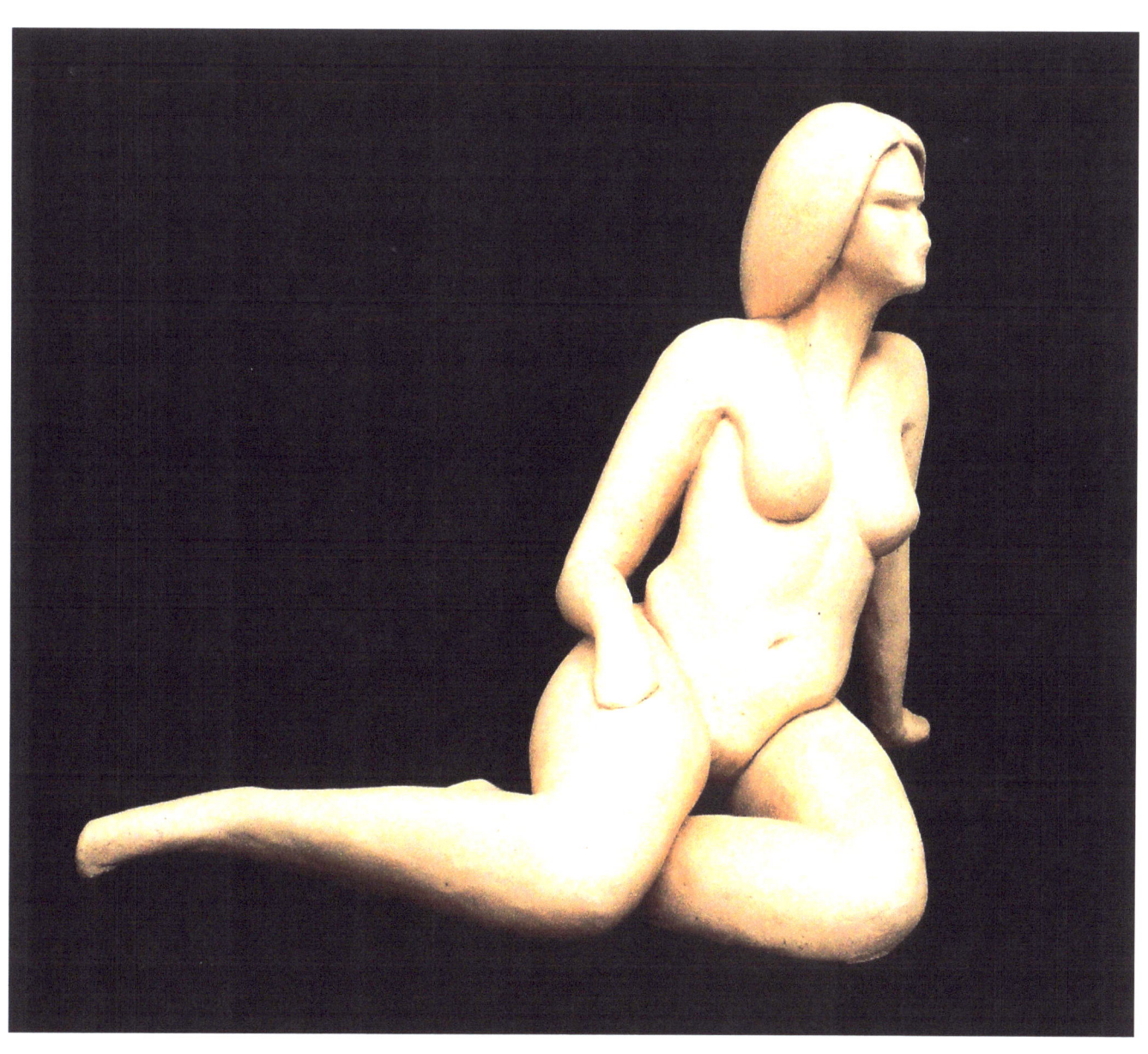

Contemplation
Terre cuite, pièce unique
38 x 35 x 55 cm. 7,5 kgs. Prix F

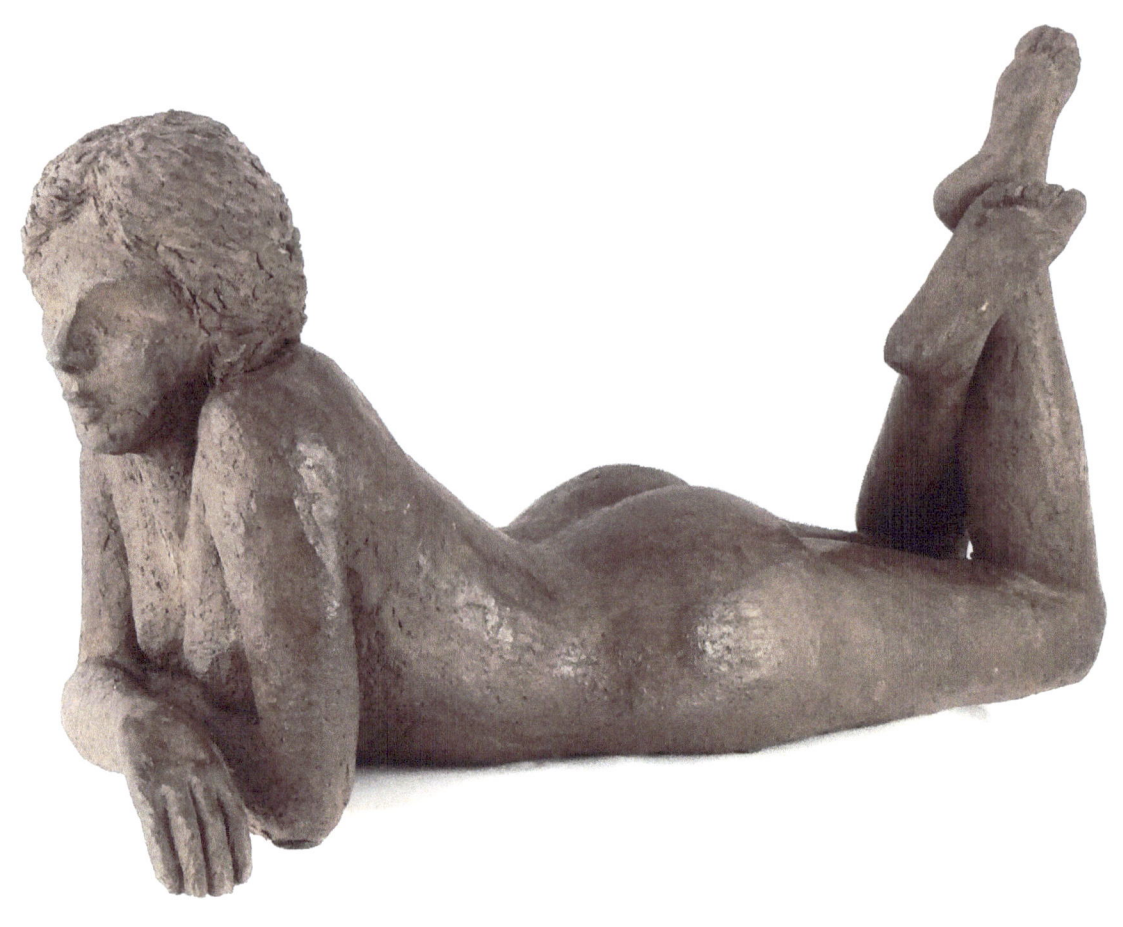

Bronzette
Terre cuite noire, pièce unique
26 x 44 x 20 cm. 4,8 kgs. Prix C

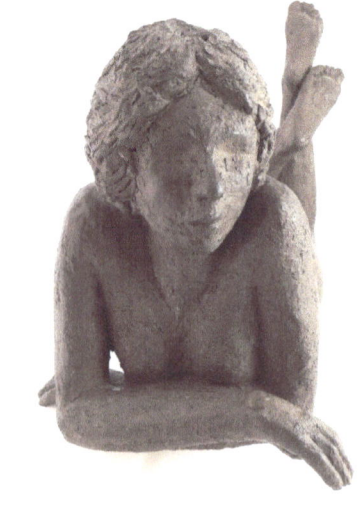

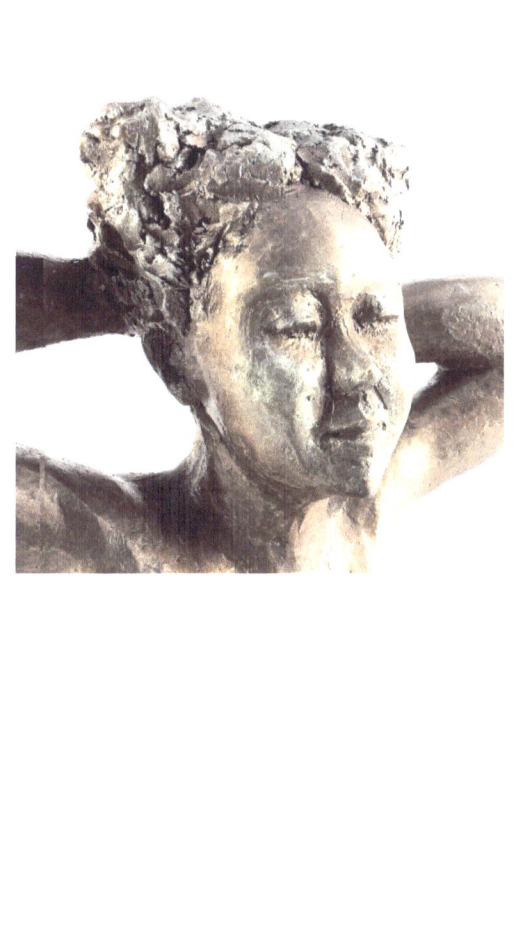
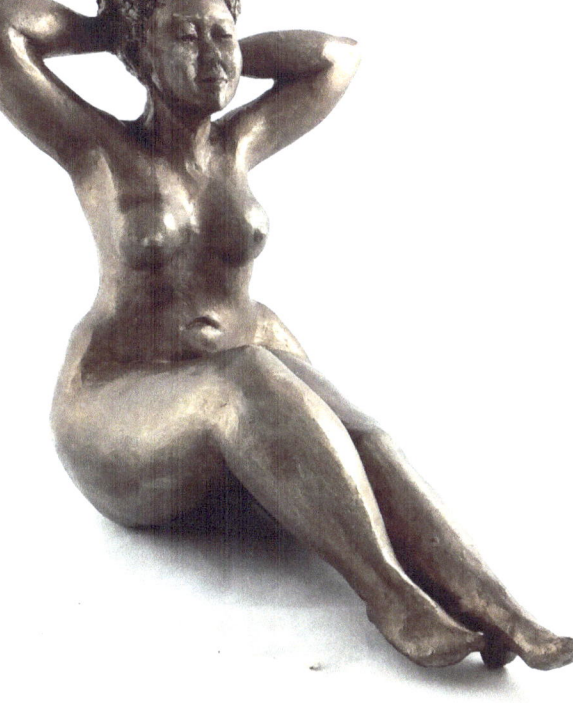
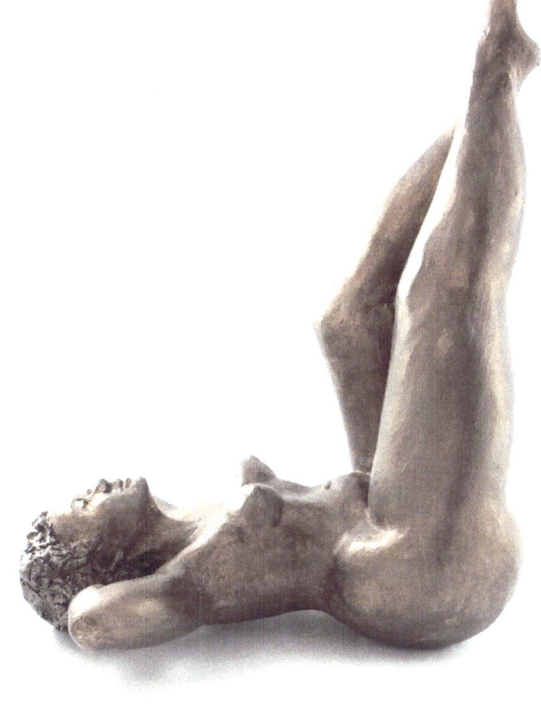

Bamboulette
Terre cuite patinée, pièce unique
31 x 25 x 40 cm. 4,6 kgs. Prix C

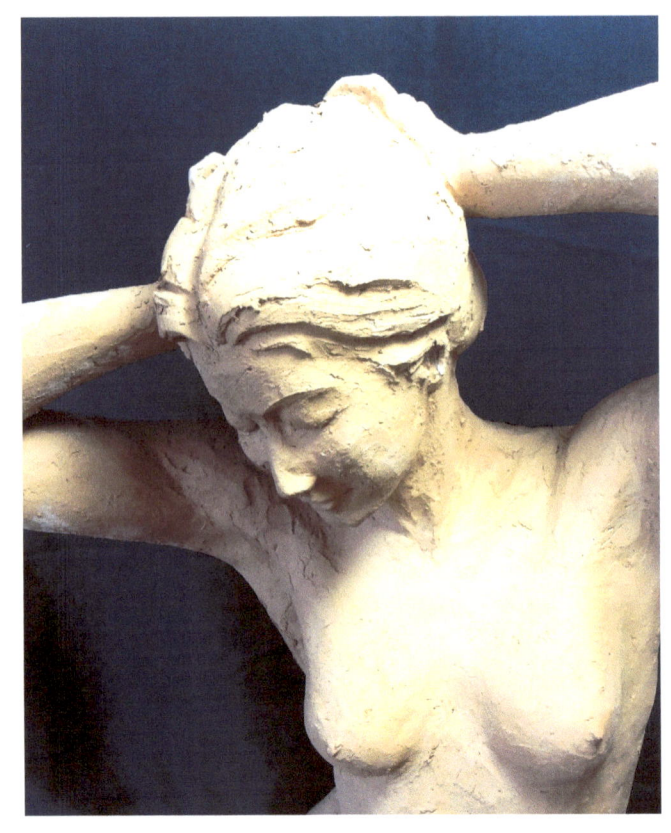

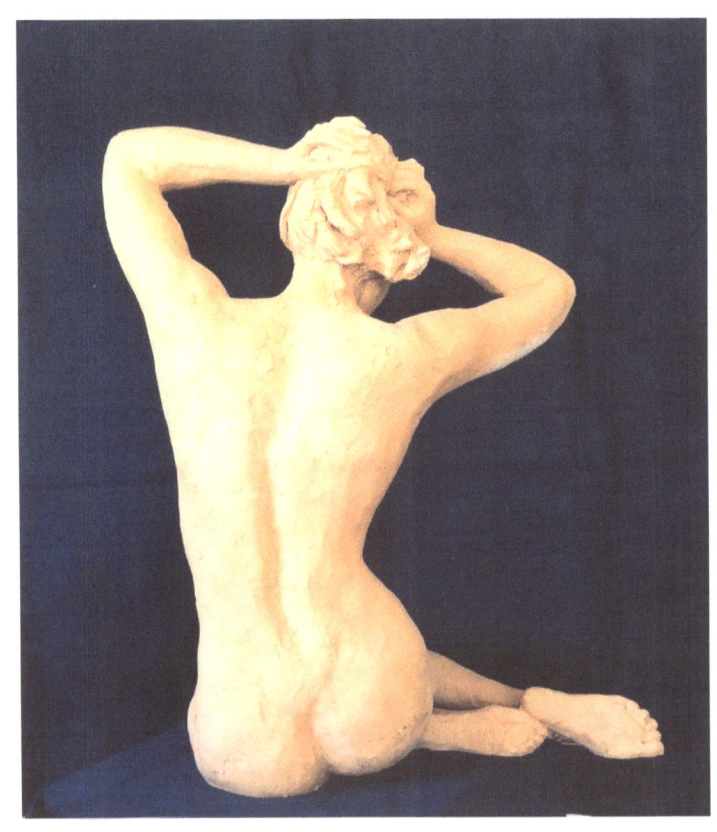

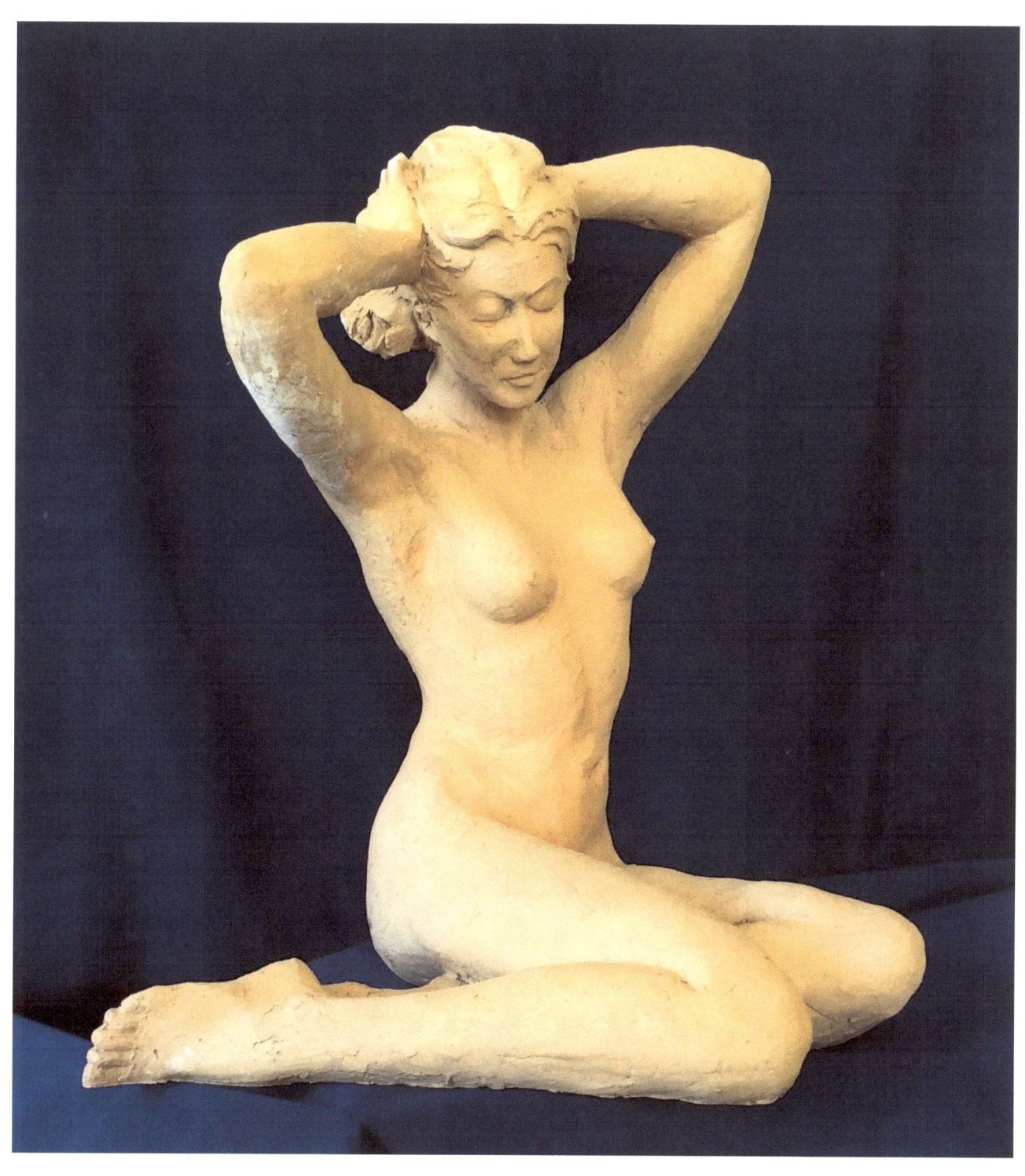

Éveil
Terre cuite, pièce unique
54 x 48 x 37 cm. 14,1 kgs. Prix E

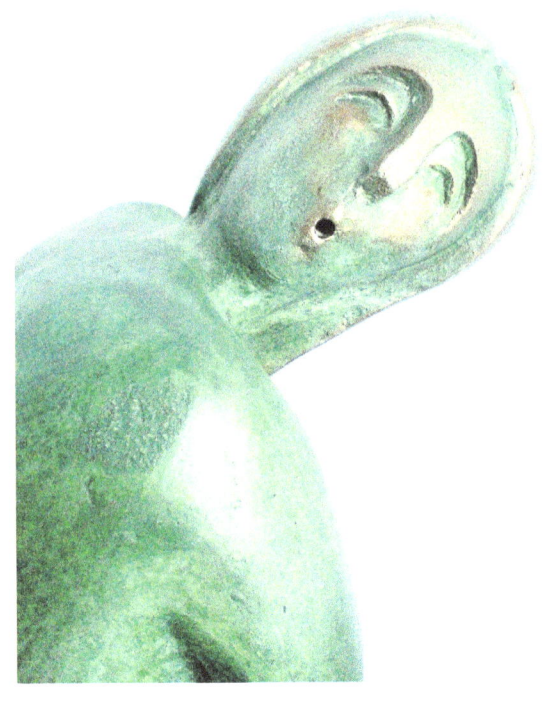
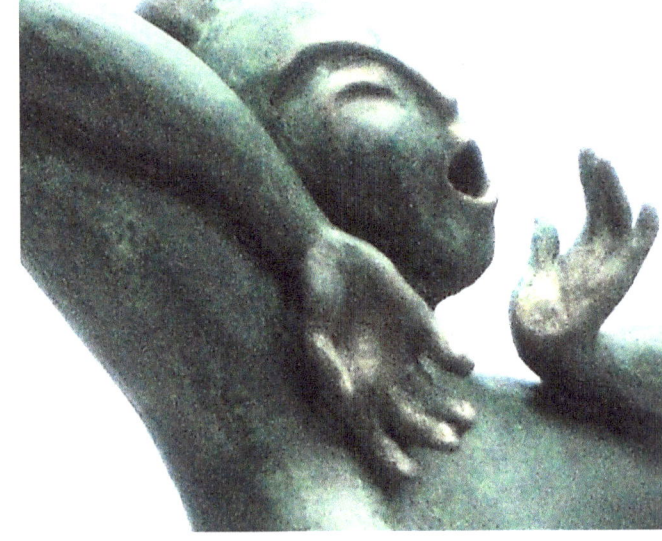
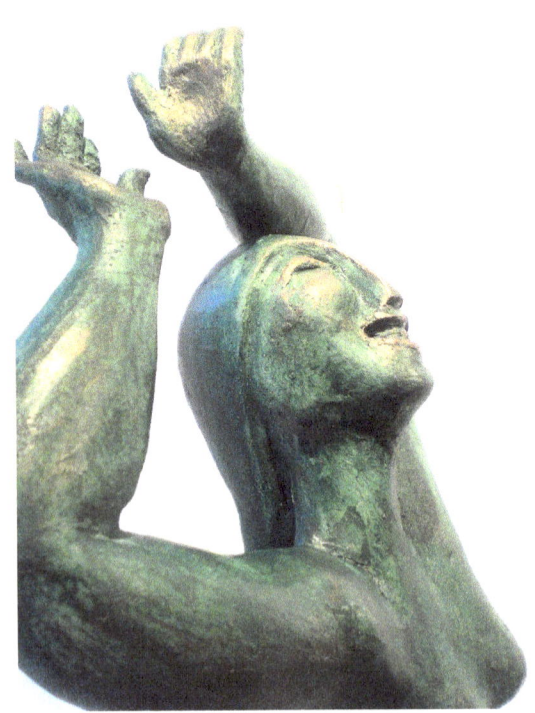

Bel canto

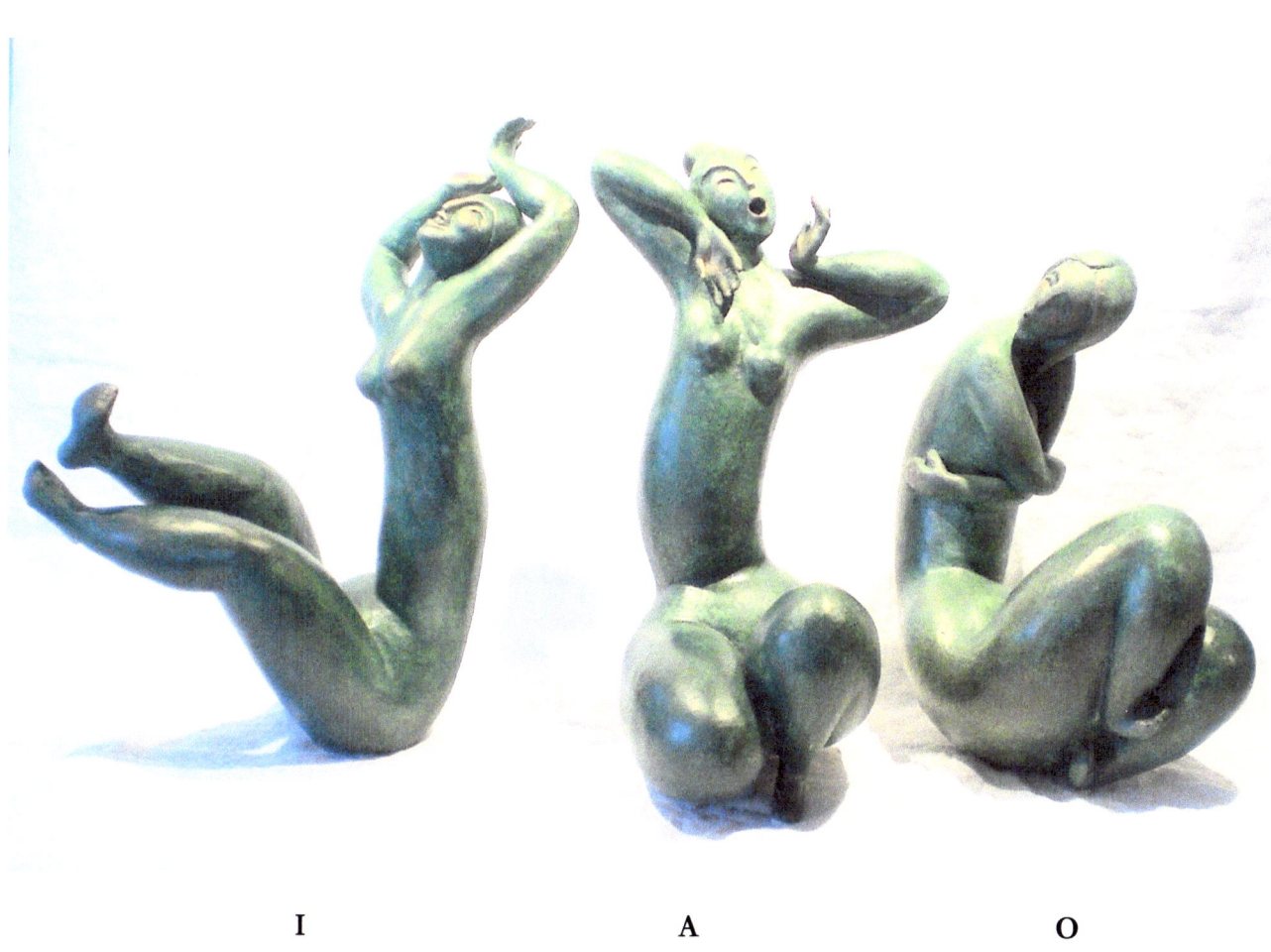

I A O

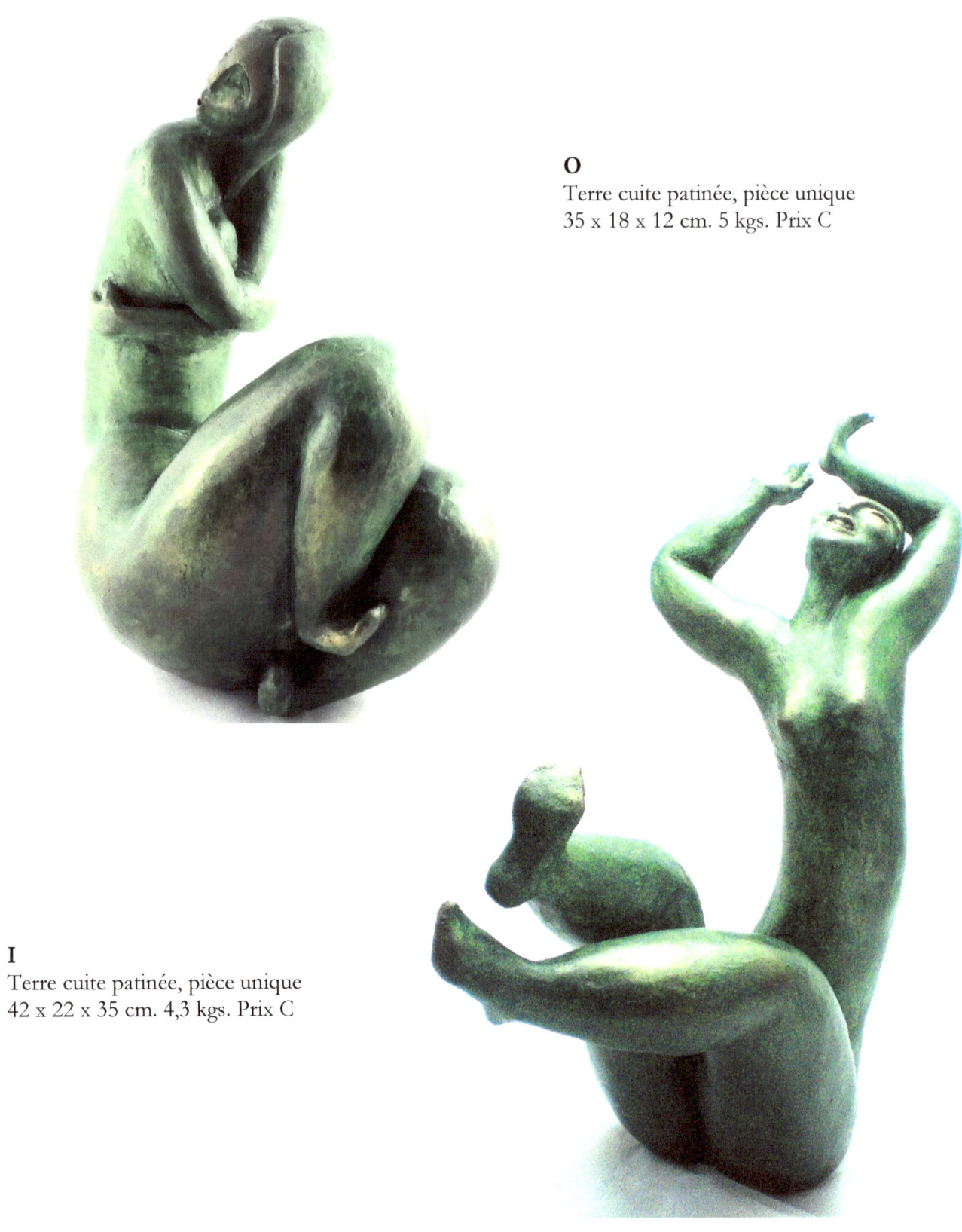

O
Terre cuite patinée, pièce unique
35 x 18 x 12 cm. 5 kgs. Prix C

I
Terre cuite patinée, pièce unique
42 x 22 x 35 cm. 4,3 kgs. Prix C

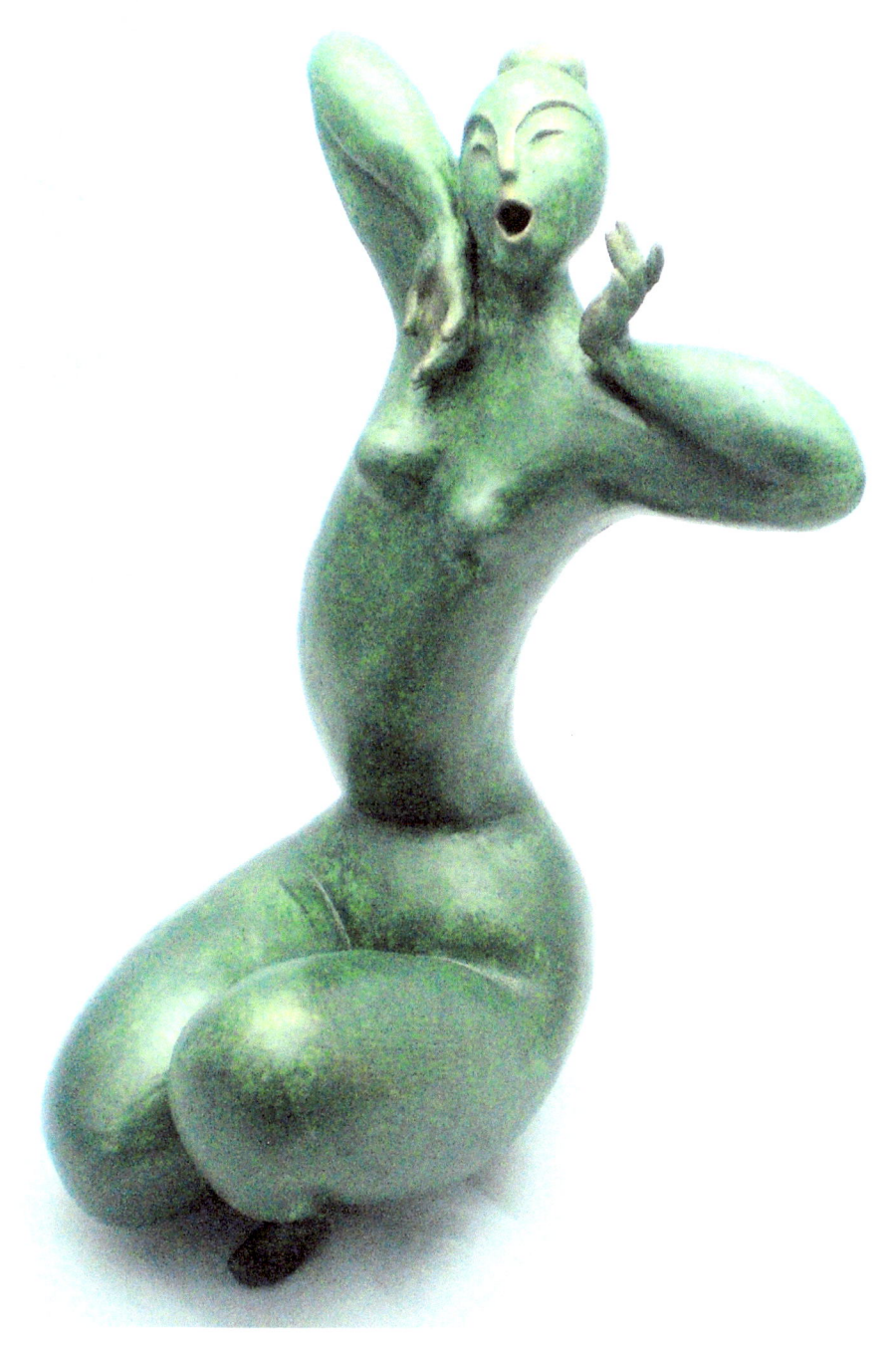

A
Terre cuite patinée, pièce unique
40 x 25 x 24 cm. 5 kgs. Prix C

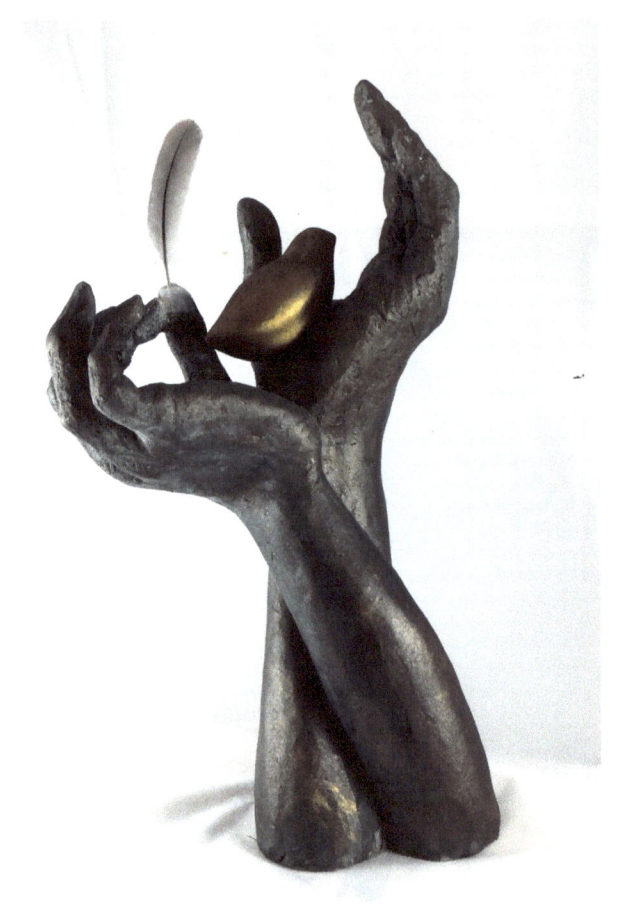

Envol
Terre cuite patinée, pièce unique
38 x 24 x 16 cm. 4,3 kgs. Prix B

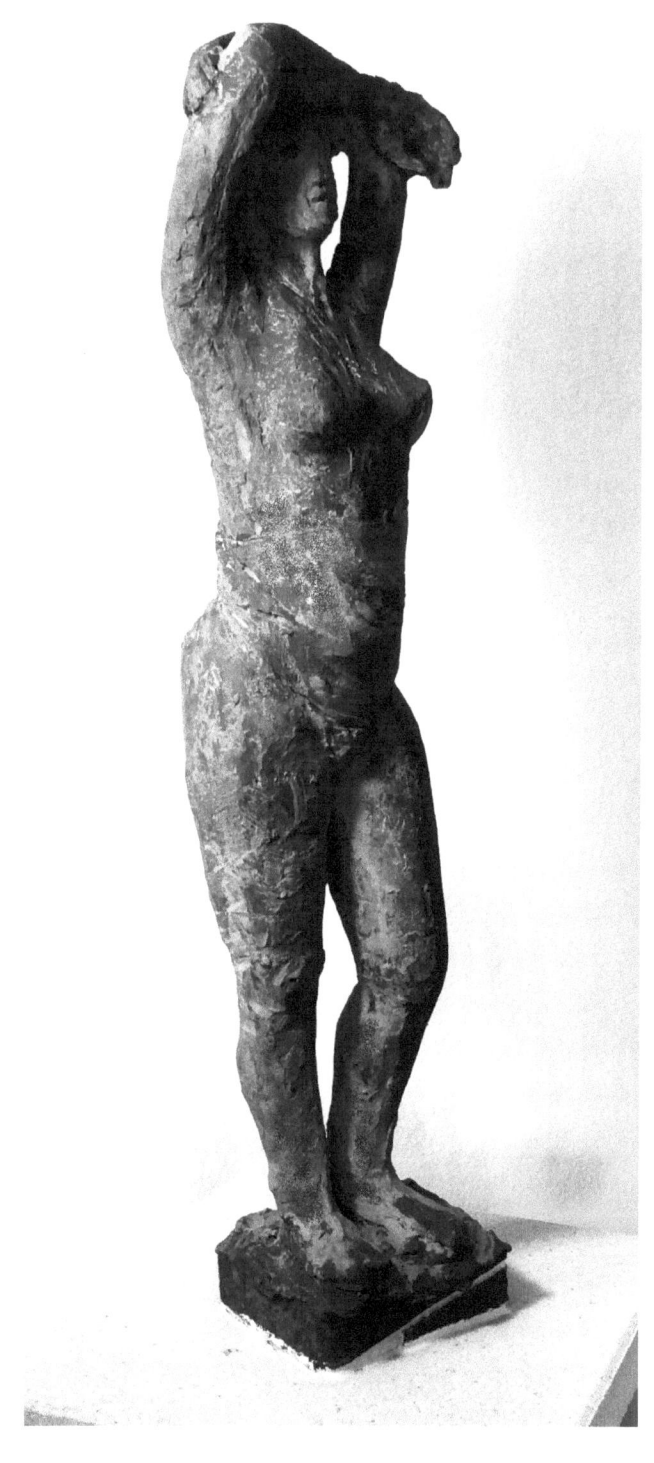

Femme debout
Terre cuite noire, pièce unique
85 x 18 x 16 cm. 26,1 kgs (avec sa dalle de béton). Prix C

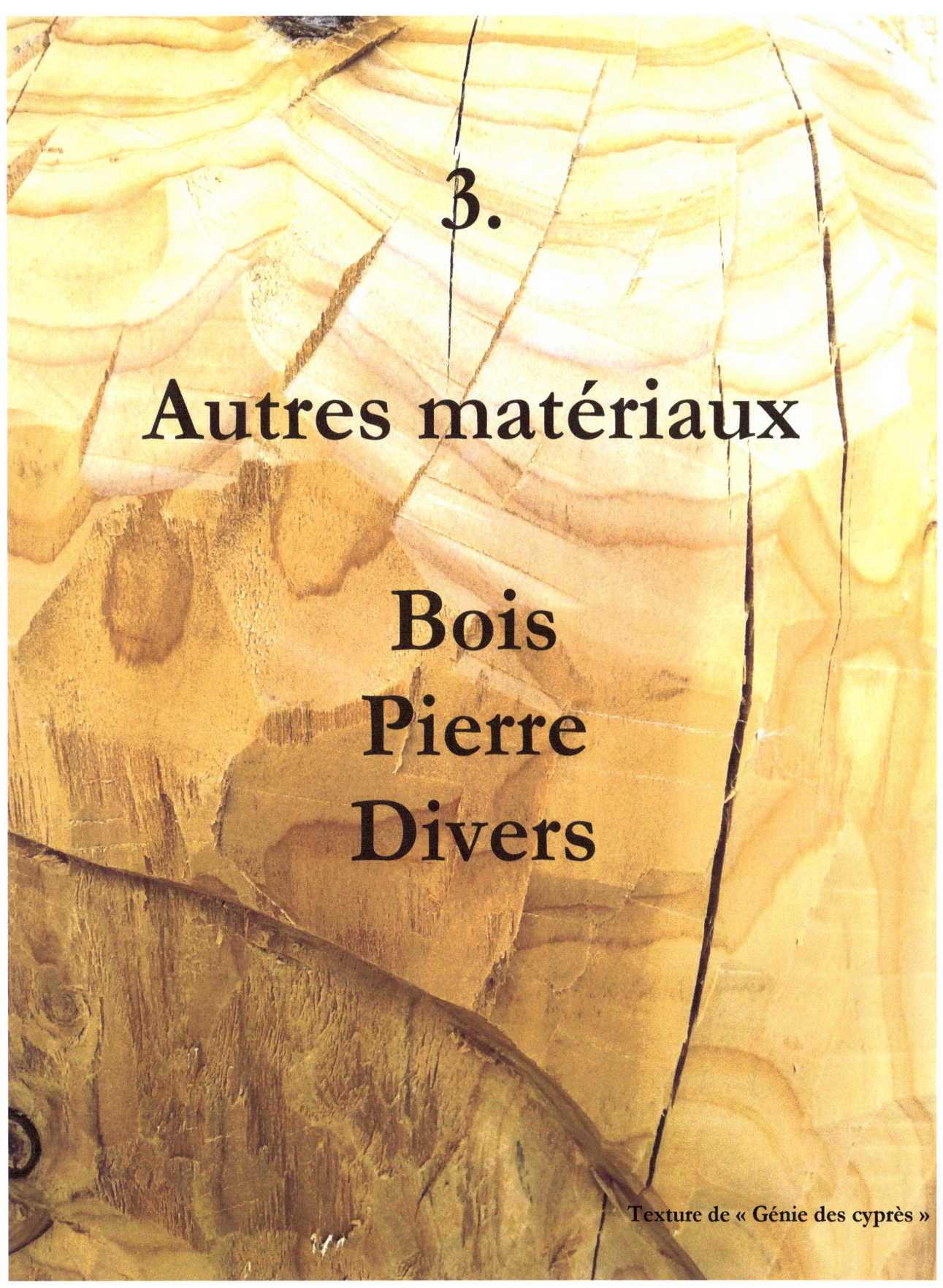

3.

Autres matériaux

Bois
Pierre
Divers

Texture de « Génie des cyprès »

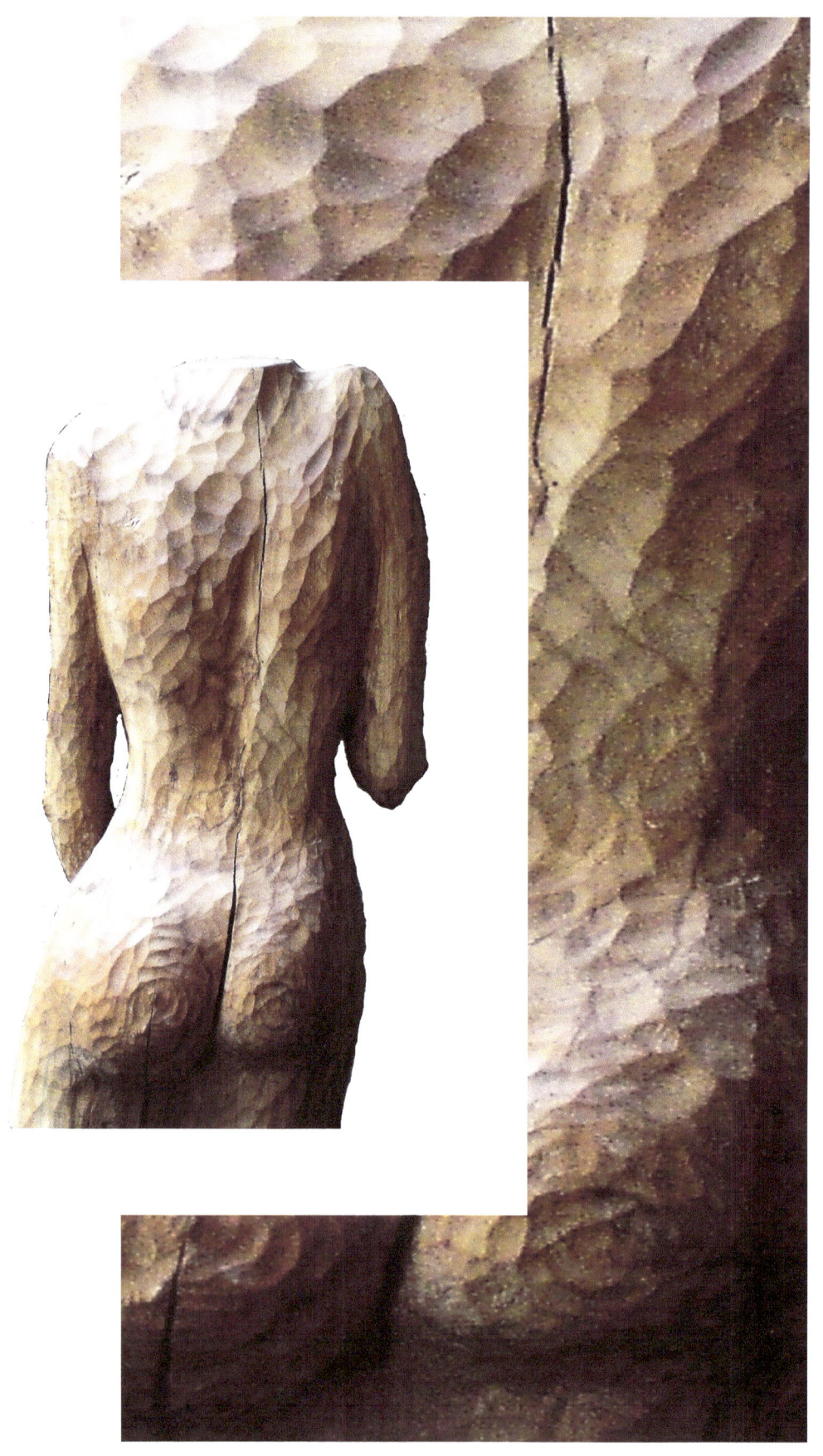

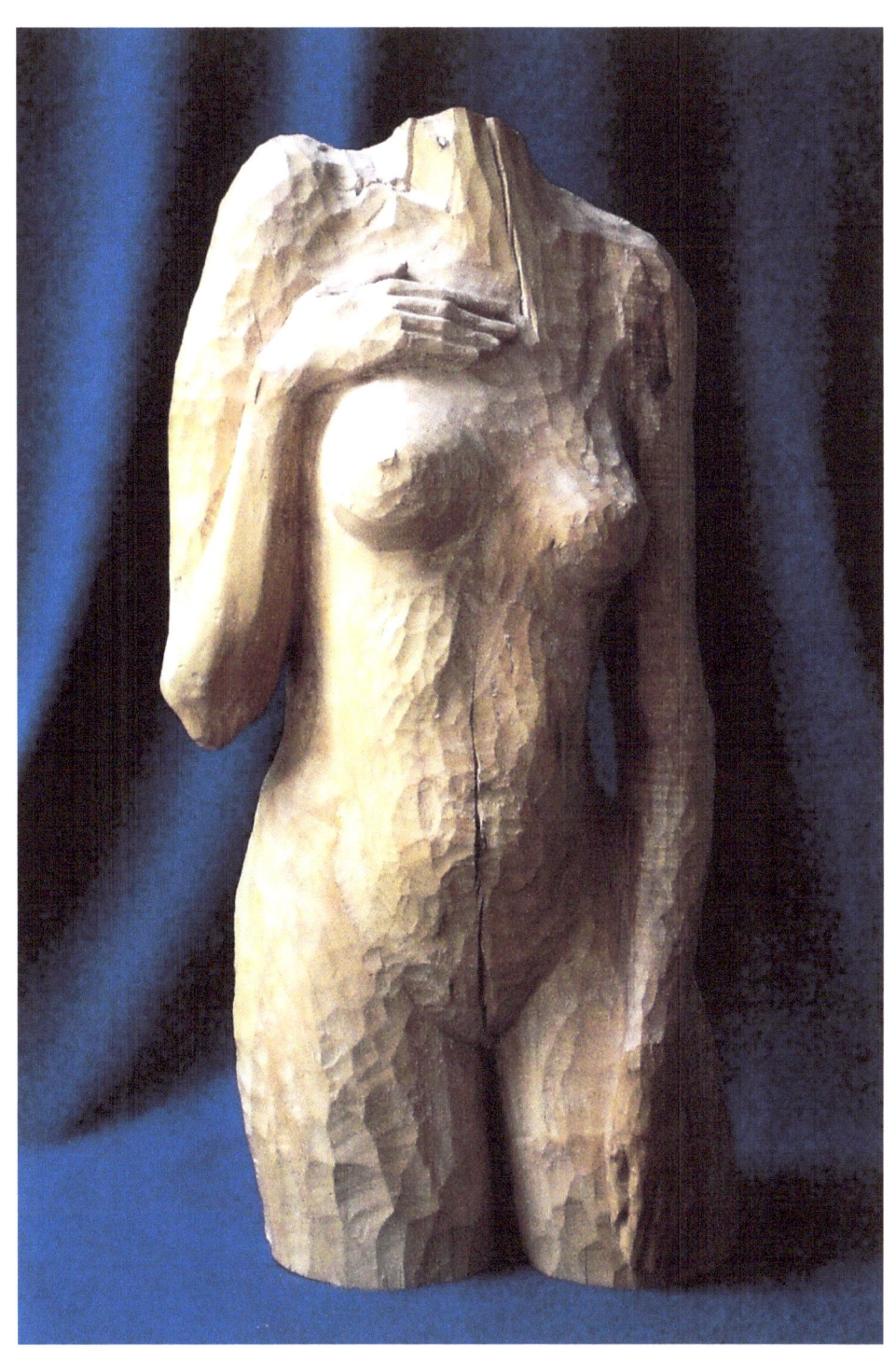

Buste de femme
Bois de hêtre, pièce unique
53 x 26 x 20 cm. 6,8 kgs. Prix G

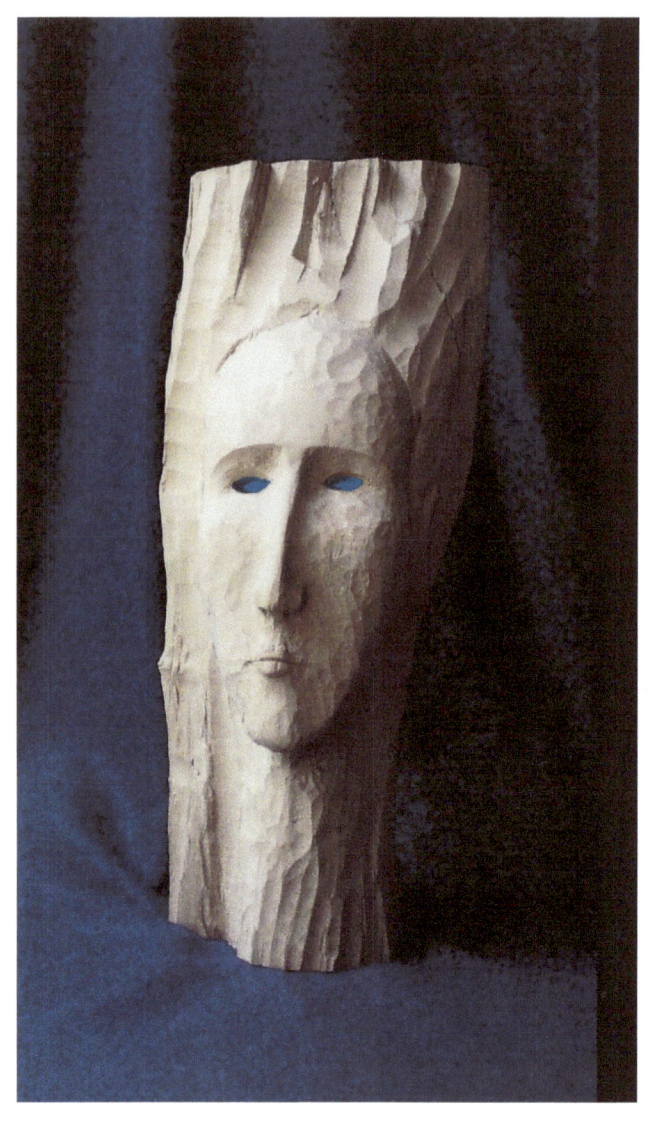

Madame Modigliani
Bois de hêtre, pièce unique
50 x 26 x 20 cm. 6,6 kgs. Prix F

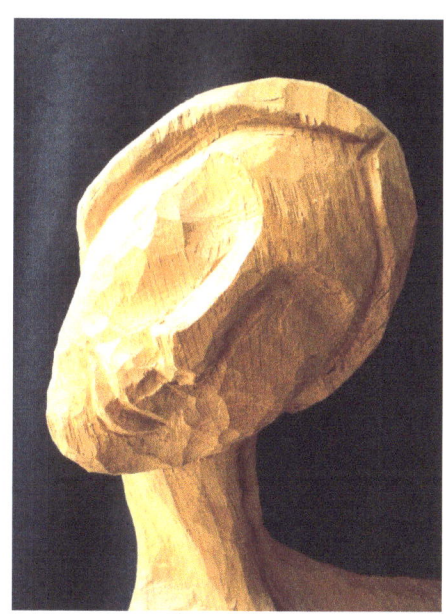

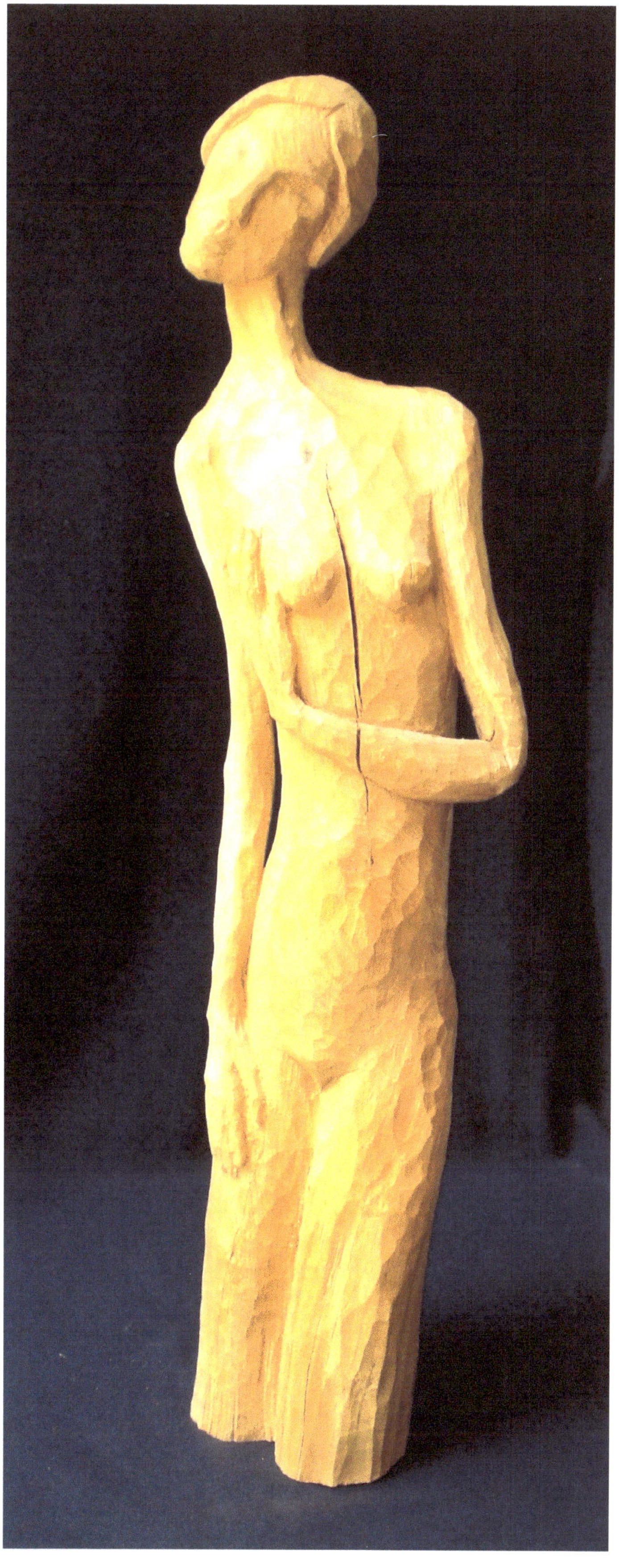

Vénus gothique
Bois de hêtre, pièce unique
73 x 23 x 17 cm. 4,4 kgs. Prix F

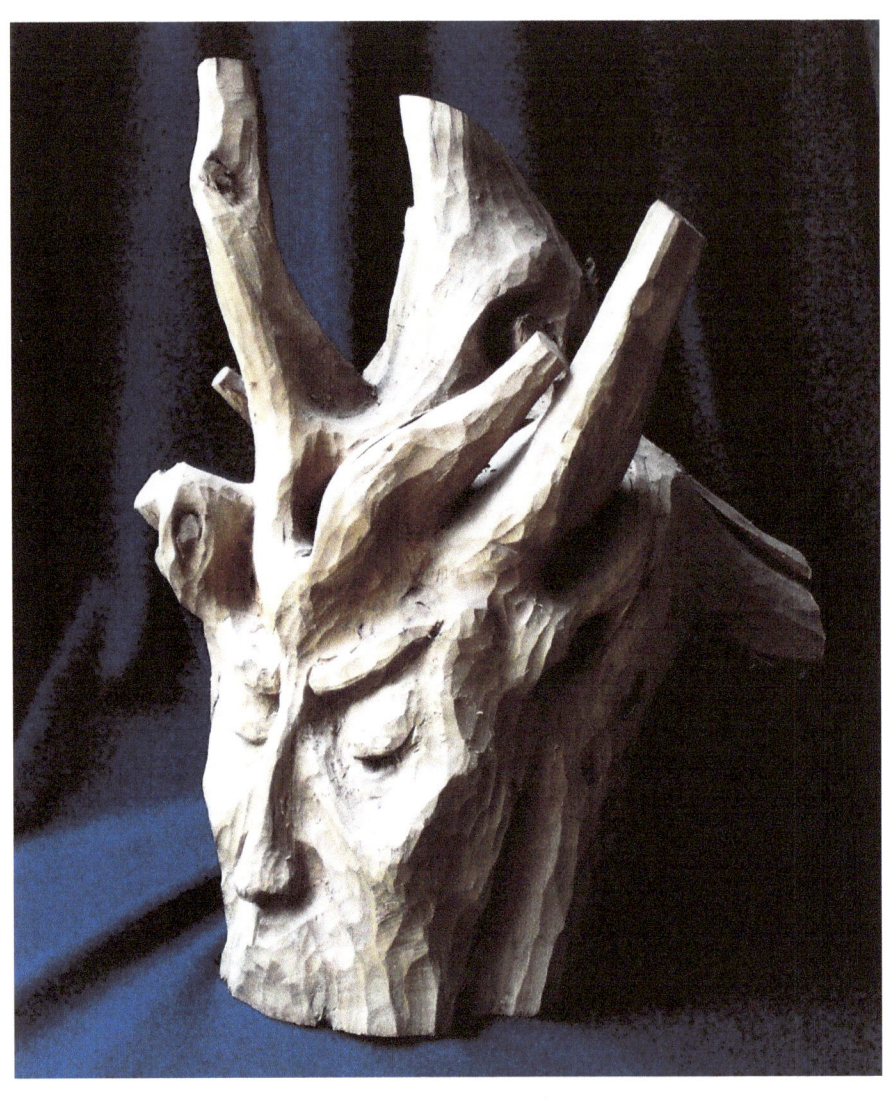

Le Roi des Aulnes
Souche de saule, pièce unique
52 x 40 x 40 cm. 11,6 kgs. Prix F

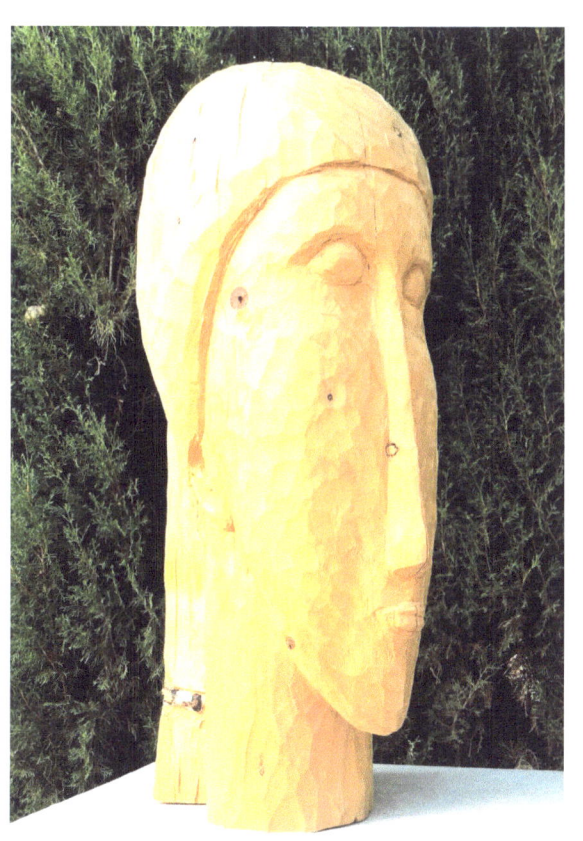
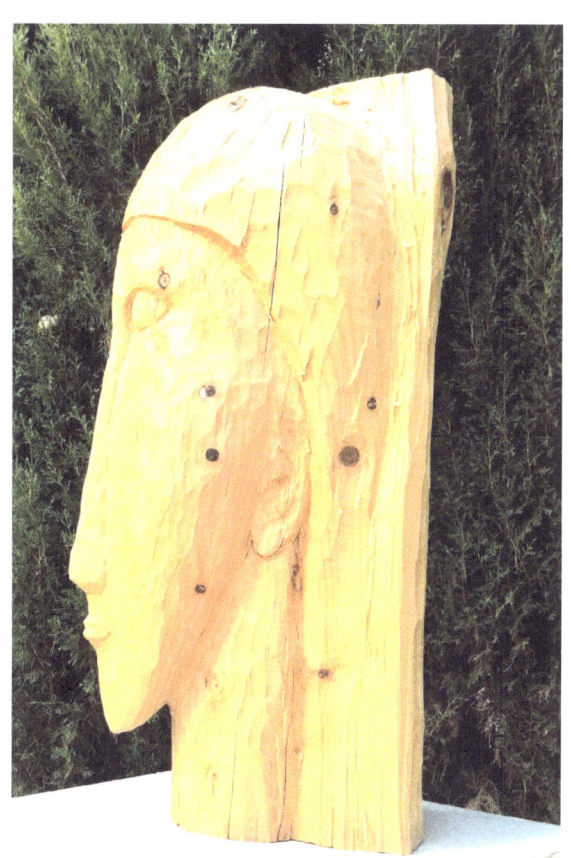

Génie des cyprès
Bois de cyprès, pièce unique
47 x 19 x 23 cm. 5,4 kgs. Prix F

J'affectionne particulièrement ce guerrier sauvage parce que c'est mon premier essai de soudure : un dessin dans l'espace.
La rudesse de la matière induit celle du personnage.
Au moment de rassembler ces photos, je n'ai pas résisté à confronter ces deux images de mâle.

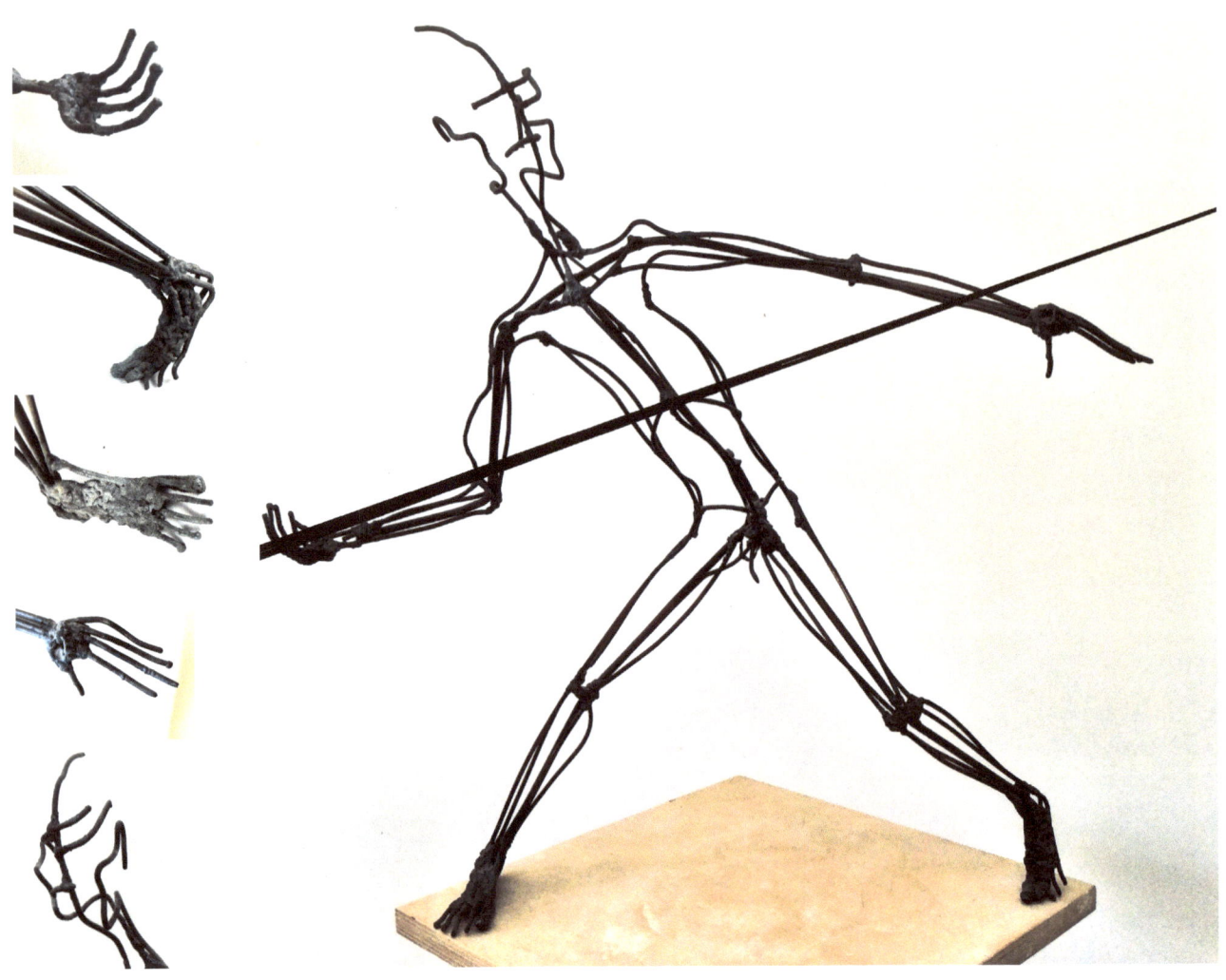

Hoplite
Tige de fer soudée, pièce unique
54 x 20 x 57 cm. 0,9 kg. Prix B

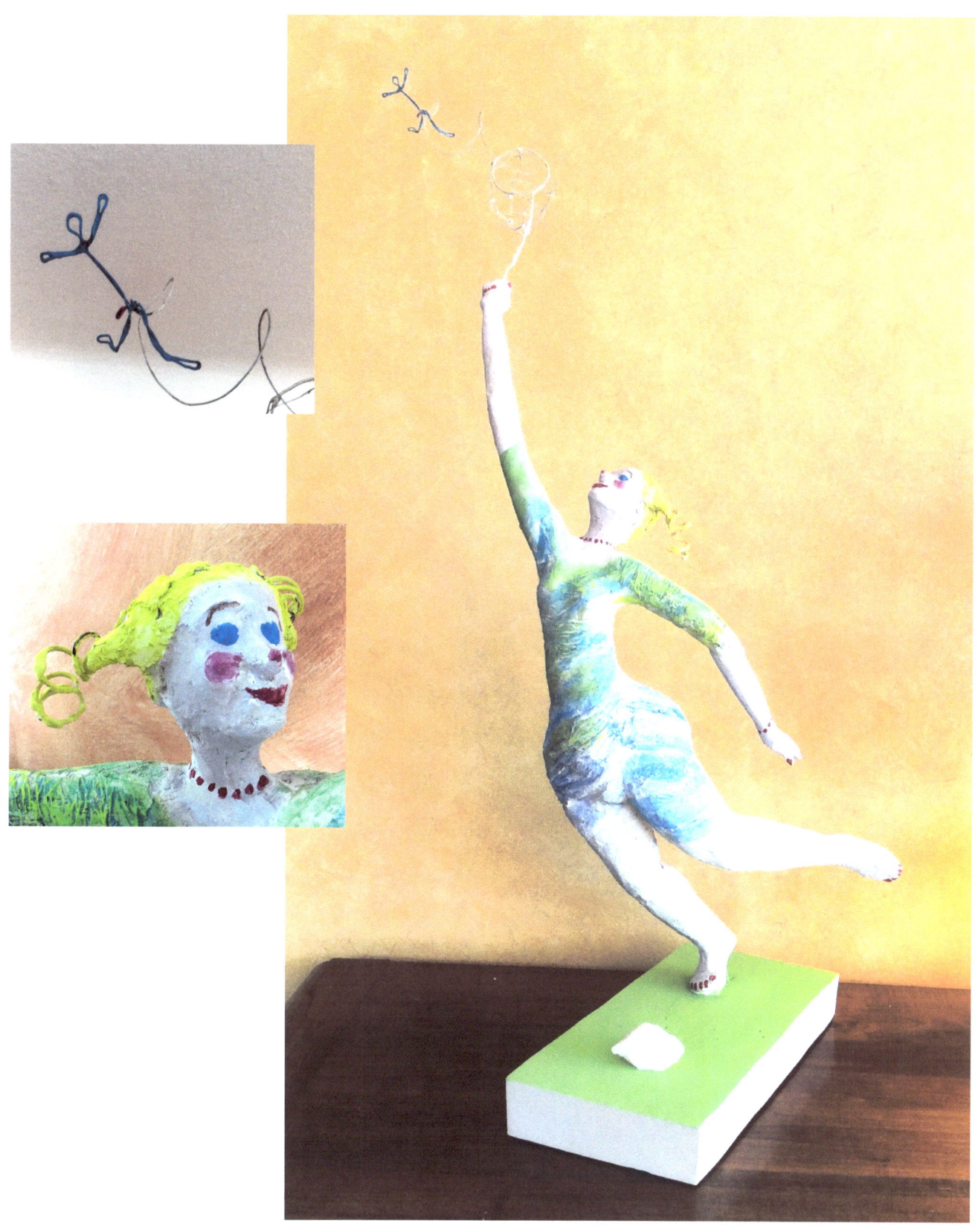

Chasse au papillon
Plâtre peint, pièce unique
89 x 32 x 40 cm. 4,6 kgs. Prix C

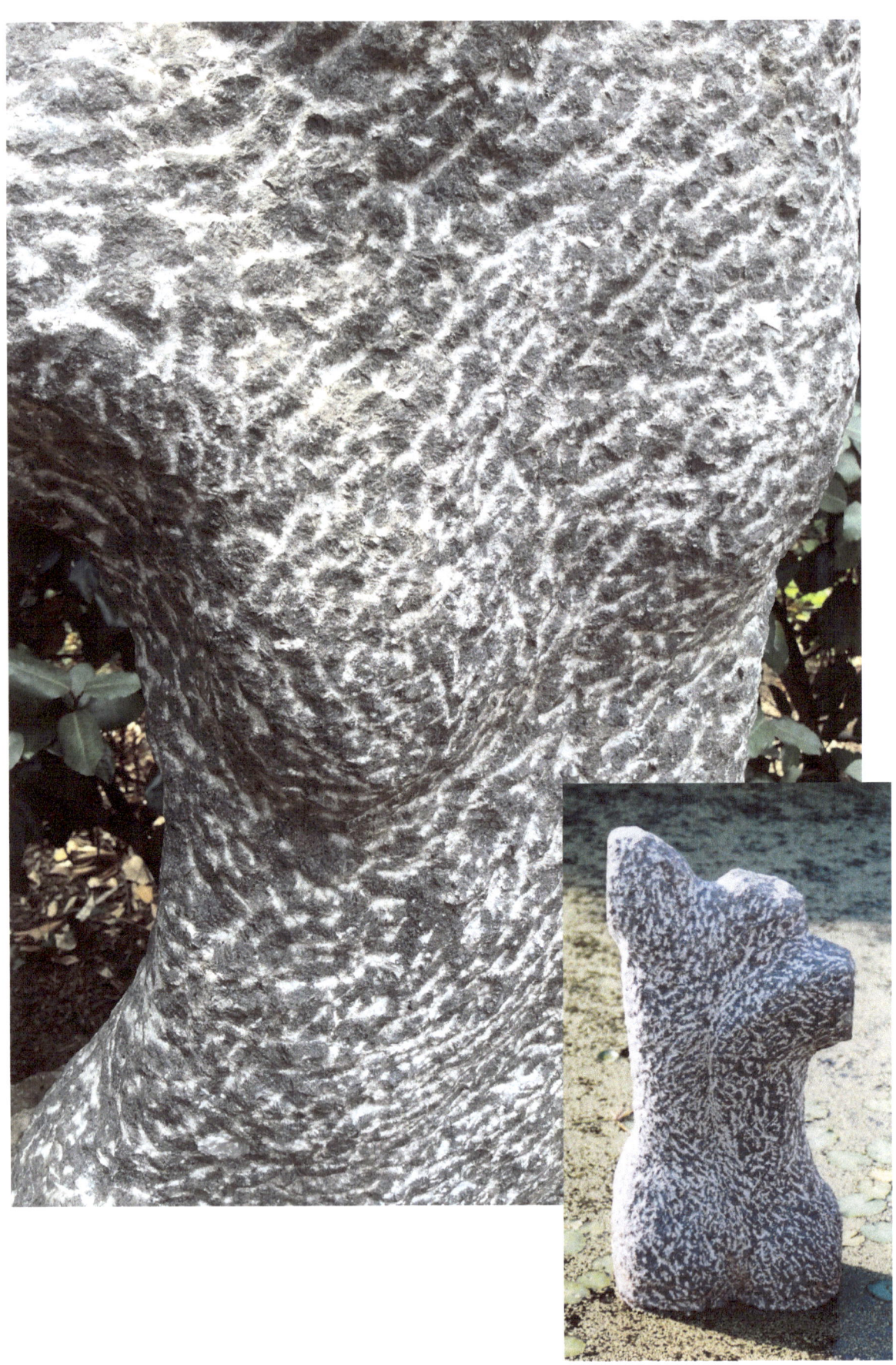

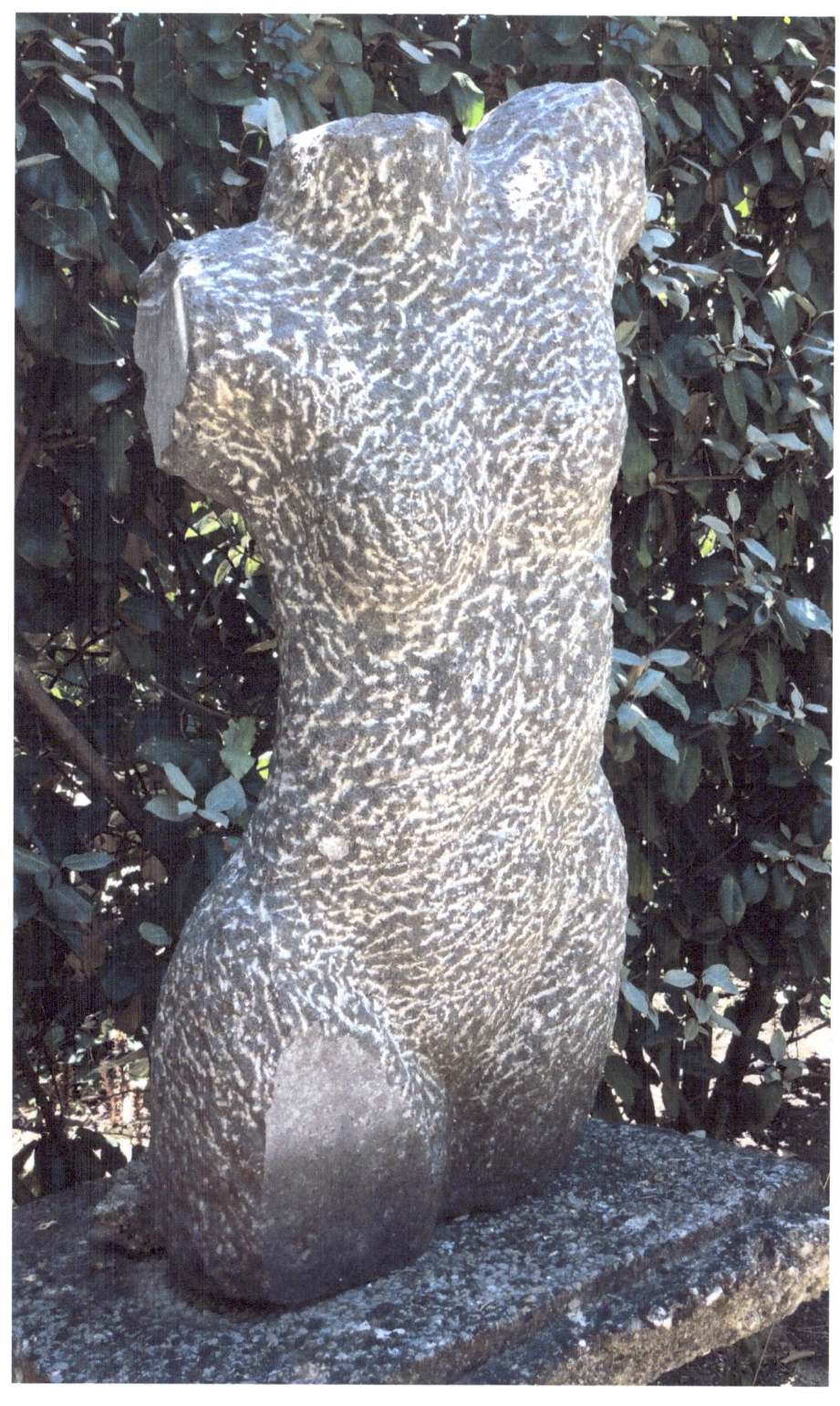

Buste de femme
Granit de Sprimont, pièce unique
64 x 29 x 18 cm. 42,6 kgs. Prix H

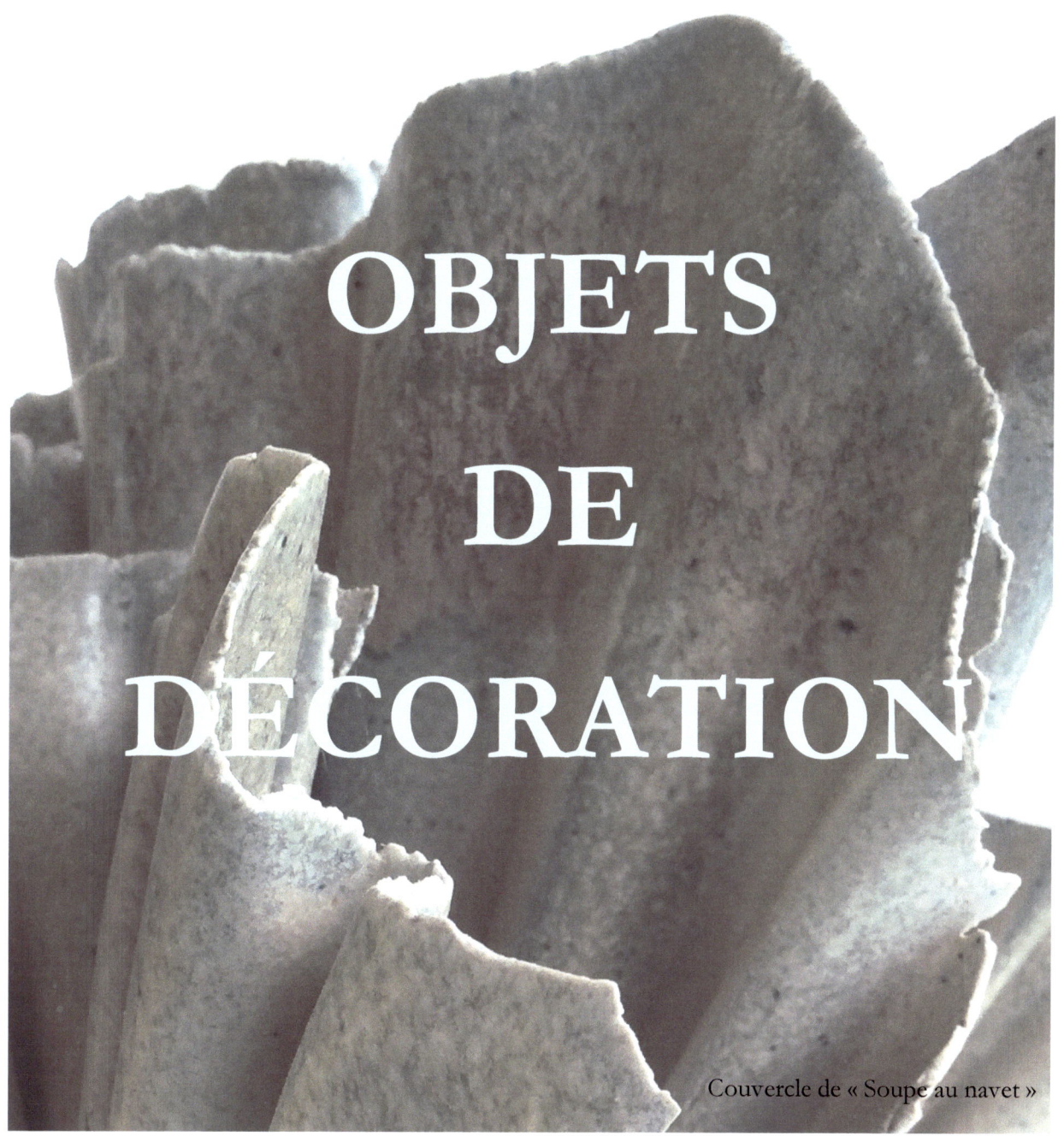

OBJETS DE DÉCORATION

Couvercle de « Soupe au navet »

Lampes et «Chiffonis»

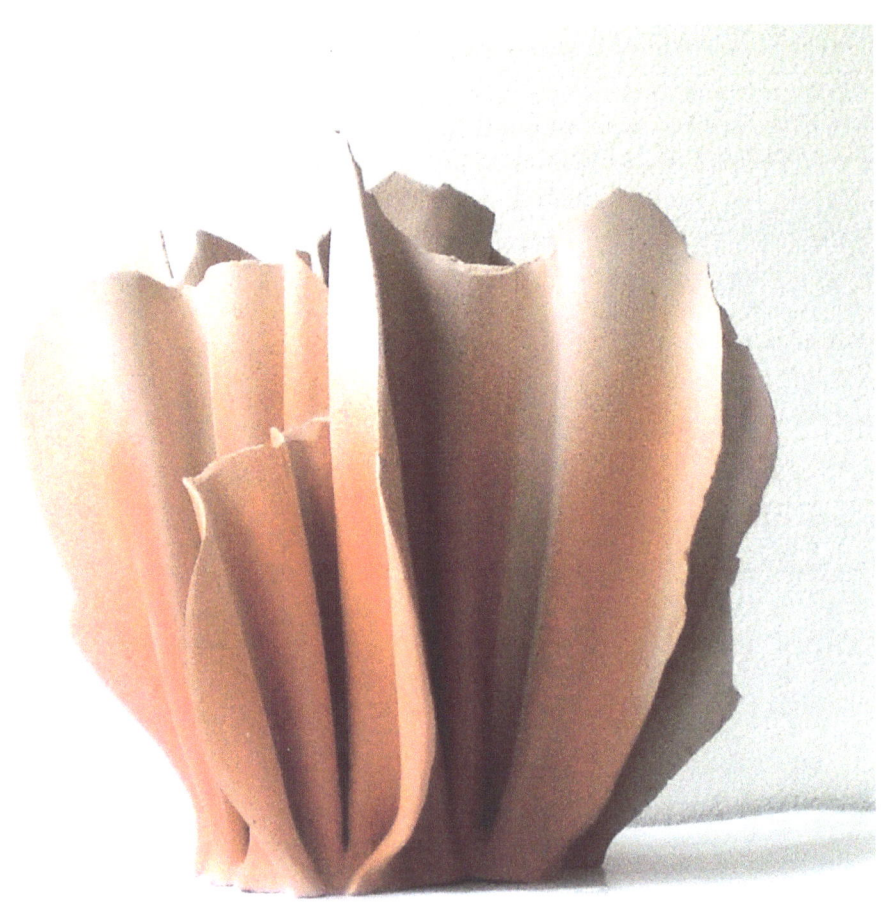

« Chiffonis »
Terre cuite, pièce unique
Montable en lampe
29 x 29 x 30 cm. 2,6 kgs. Prix B

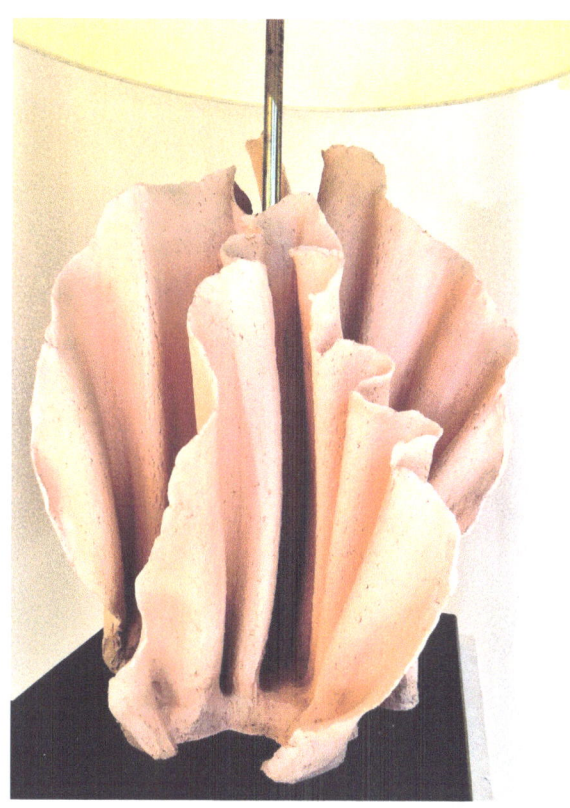

Lampe chiffonis
Terre cuite rose, pièce unique
78 cm. Ø 55 cm. 3,3 kgs. Collection particulière

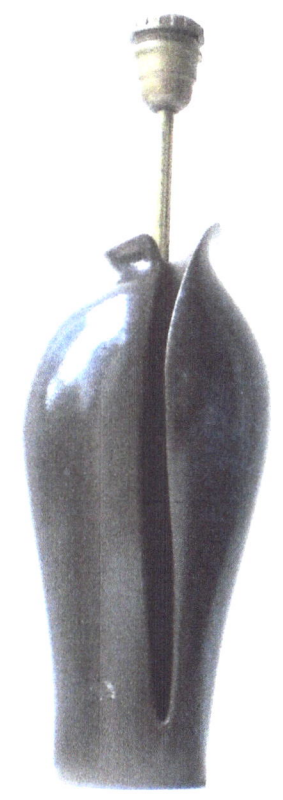

Lampe coquillage
Grès émaillé, pièce unique
Pied : 32 x 12 x 11 cm. 1 kg. Prix B

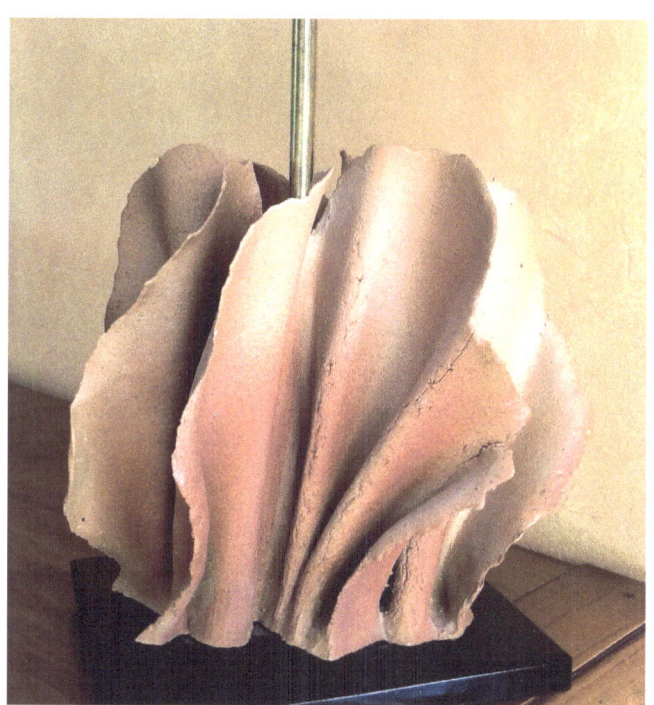

Lampe chiffonis
Grès, pièce unique
59 cm. Ø 35 cm. 3,2 kgs. Collection particulière

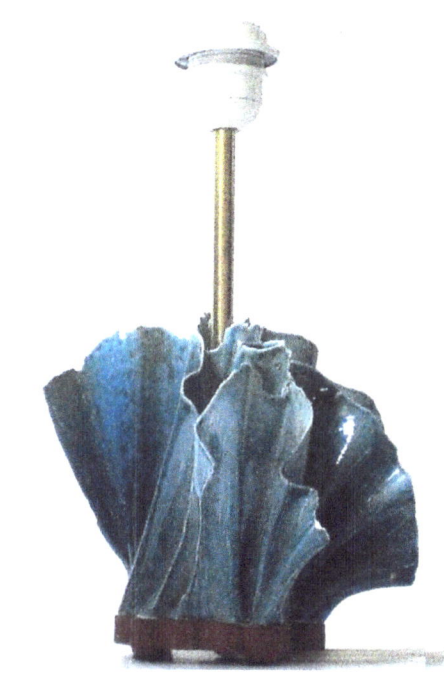

Lampe chiffonis
Terre cuite émaillée, pièce unique
30 x 17 x 17 cm. 2,3 kgs. Prix B

Jeu d'échecs

Trophée, produit en 30 exemplaires, pour un tournoi international d'échecs.
J'imaginai, sur cette base, l'échiquier complet.
Il fallait donc le réaliser.

This is number   in an exclusive series of thirty, designed by the Belgian ceramist Claudine Cambier for the S.W.I.F.T. World Championship Quarter Finals Brussels August 11 - 25, 1991

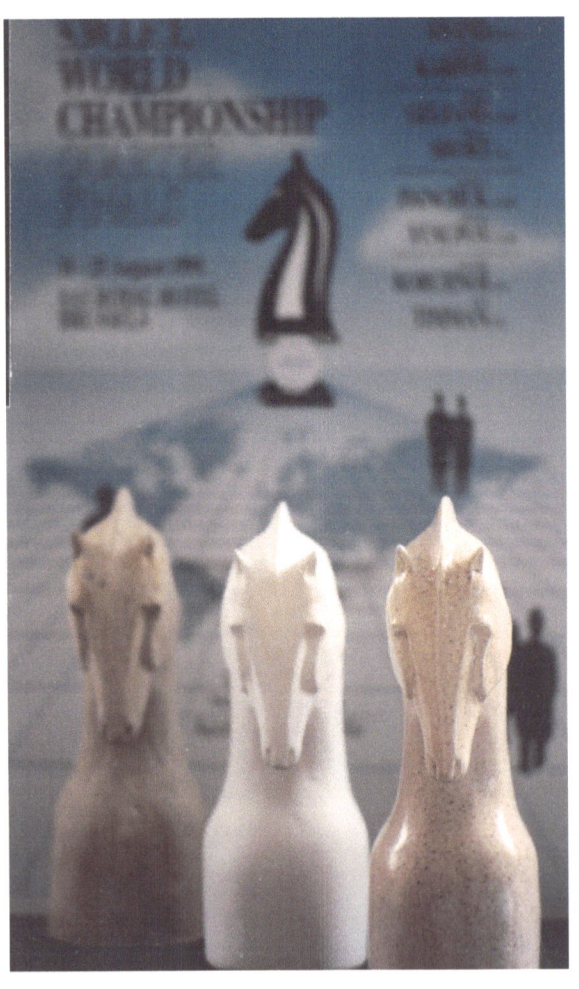

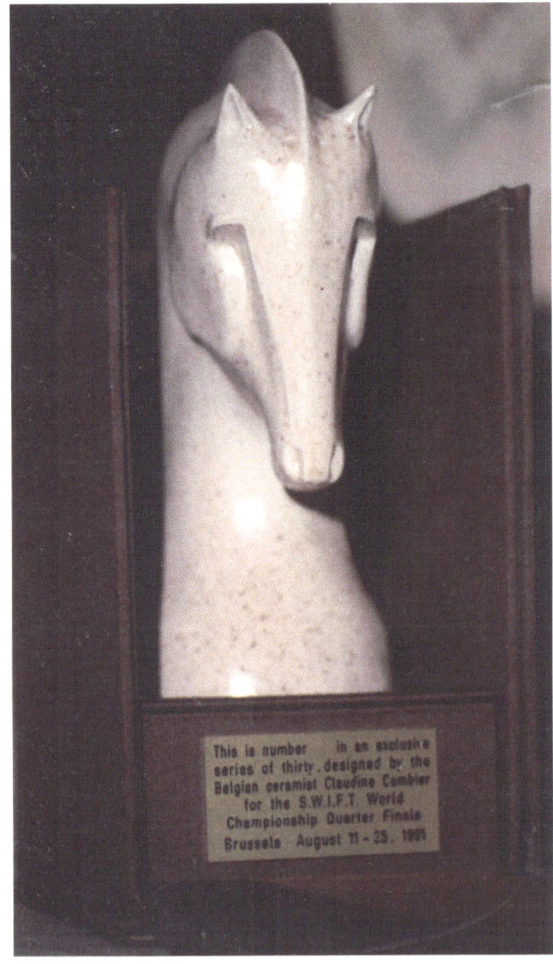

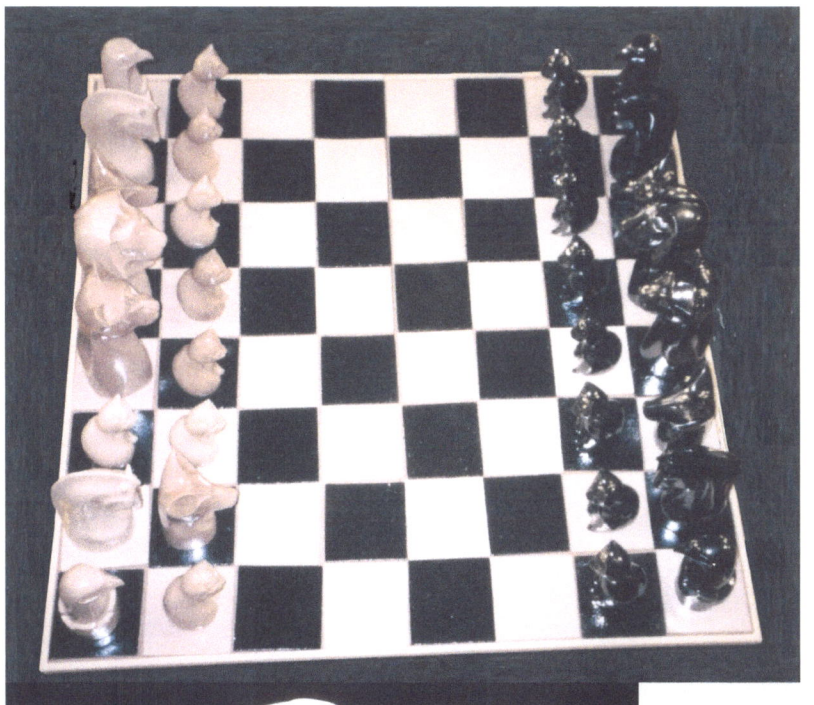

Jeu d'échecs animalier
Terre cuite émaillée
Jeu complet, pièce unique :
140 x 140 x 15 cm. + 32 pièces
+ 64 carreaux sur plaque triplex.
Poids total ± 50 kgs. Prix I

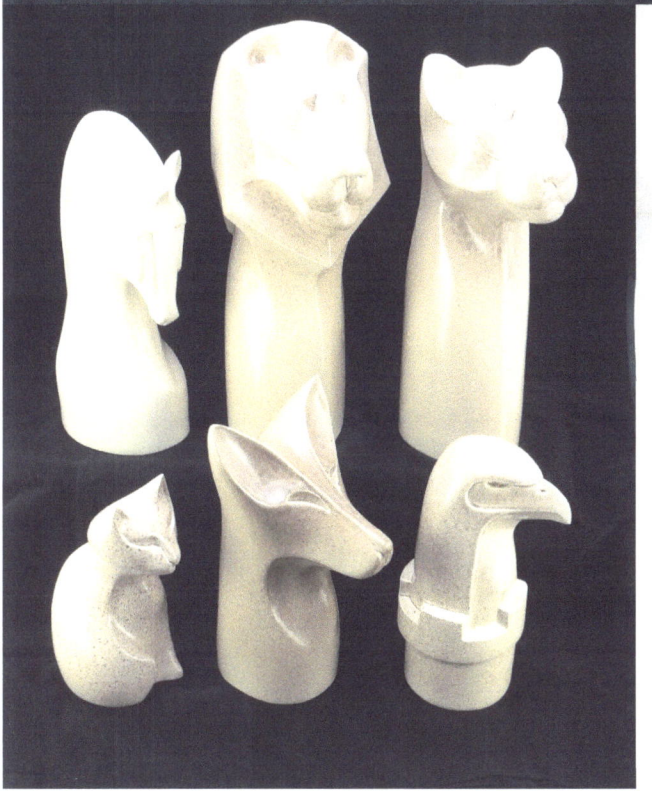
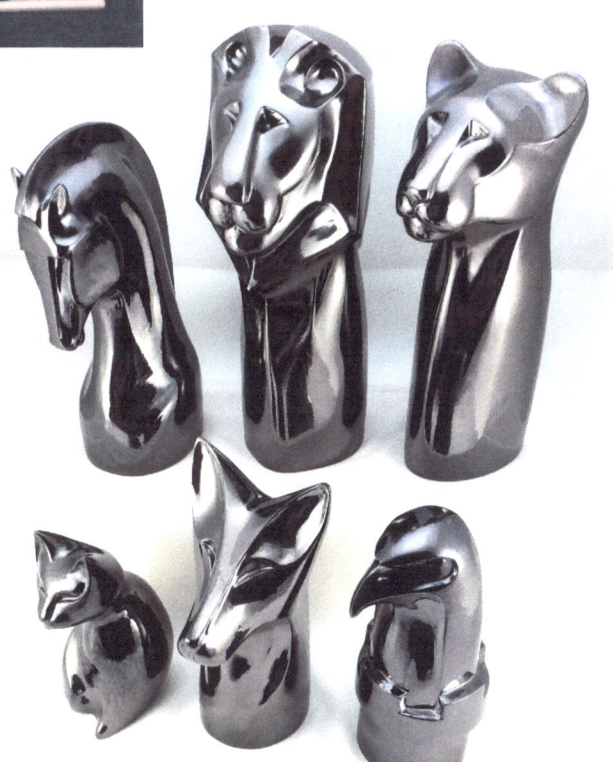

Roi/lion : 36 x 16 x 19 cm. 0,85 kg. Prix B
Dame/ lionne : 25 x 12 x 16 cm. 0,50 kg. Prix B
Cavalier /cheval : 32 x 11 x 18 cm. 0,70 kg. Prix B
Fou/renard : 26 x 12 x 15 cm. 0,60 kg.
Tour/aigle : 24 x 11 x 14 cm. 0,50 kg.
Pion/chat : 25 x 12 x 16 cm. 0,50 kg. Prix A

Vases

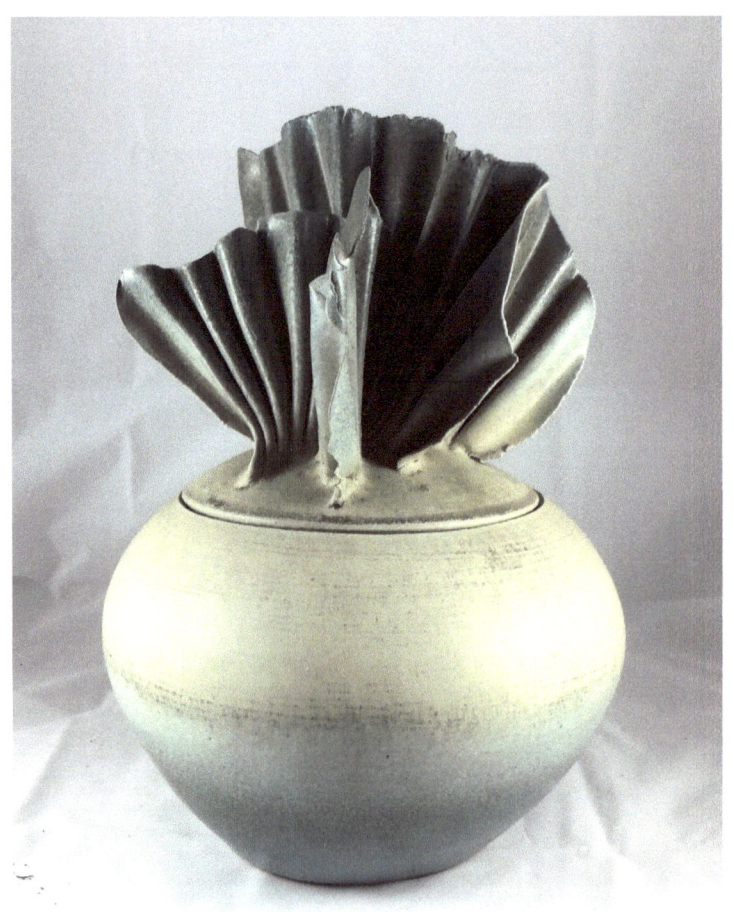

Soupe au navet
Grès émaillé, pièce unique
43 x 25 x 25 cm. 8,1 kgs. Prix B.

Vases plats

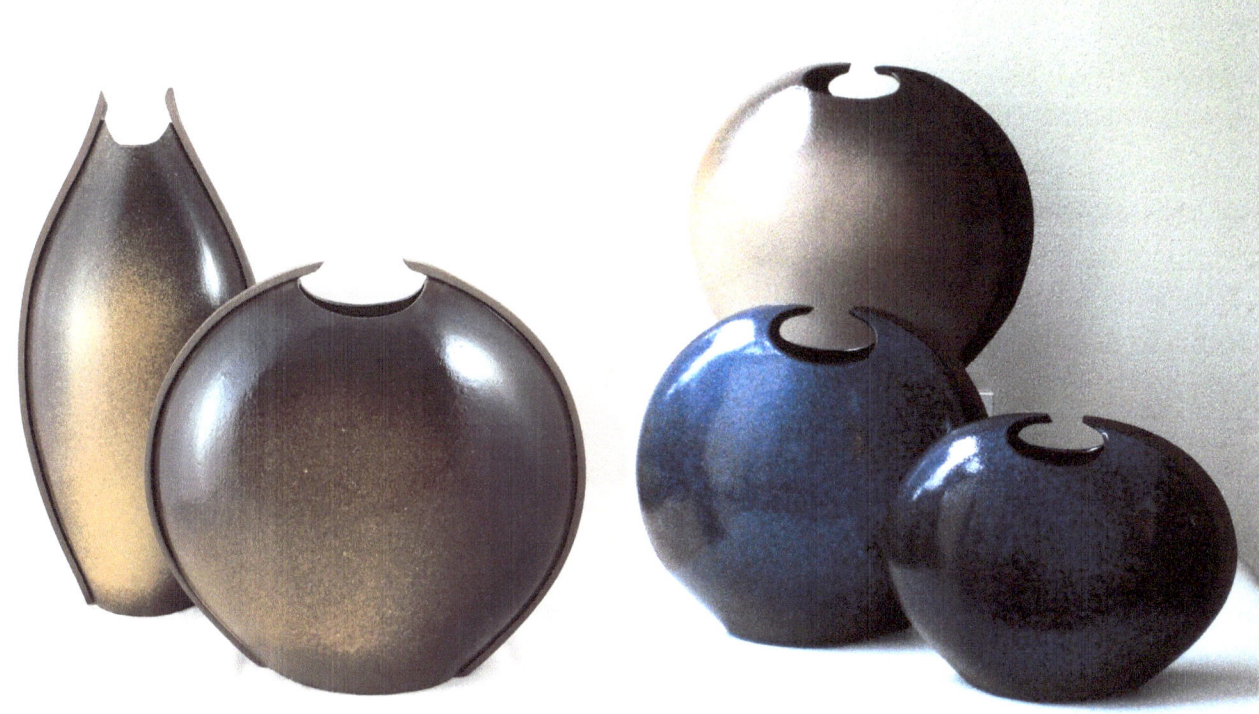

Cerclés
Grès émaillé, pièces uniques
Haut : 43 x 20 x 10 cm. 2,2 kgs. Prix B
Rond : 32 x 31 x 13 cm. 2,3 kgs. Prix B

Décalés
Grès émaillé, pièces uniques
Grand brun : 31 x 30 x 18 cm. 2,2 kgs. Prix B
Rond bleu : 31 x 30 x 12 cm. 2,2 kgs. Prix B
Petit bleu : 22 x 20 x 10 cm. 1,8 kg. Prix B

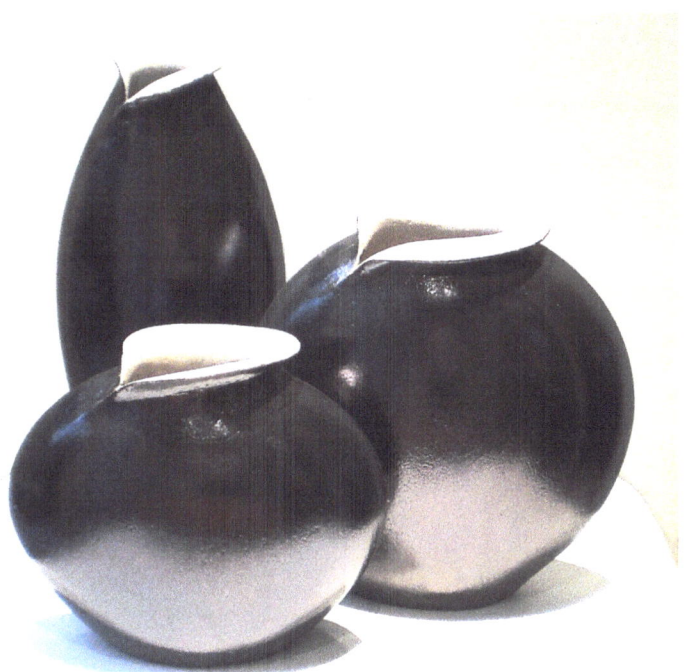

Col châle
Terre cuite émaillée, pièces uniques
Haut : 42 x 20 x 11 cm. 2,1 kgs. Prix B
Rond : 32 x 31 x 12 cm. 2,2 kgs. Prix B
Bas : 34 x 20 x 10 cm. 0,9 kg. Prix B

Sculptures murales

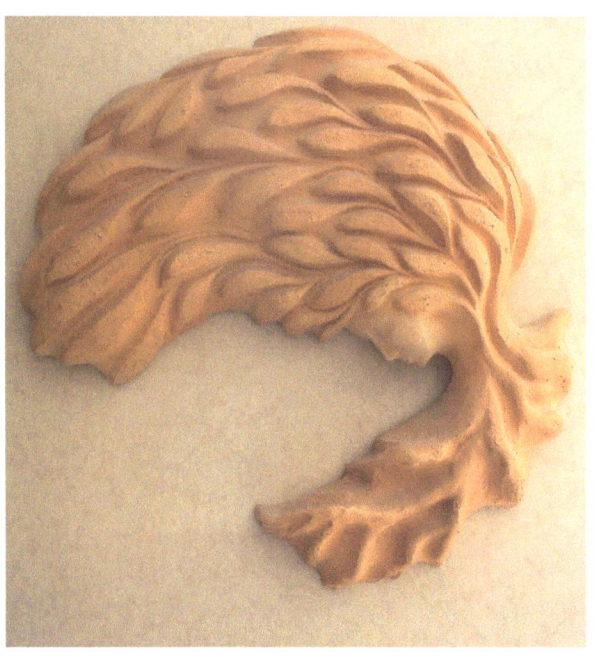

Dryade : Tempête
Terre cuite, pièce unique
53 x 12 x 53 cm. 5,2 kgs. Prix B

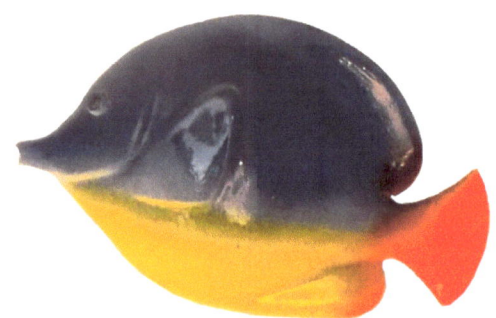

Poisson mural
Terre cuite émaillée, pièce unique
21 x 23 x 5 cm. 0,35 kg. Prix A

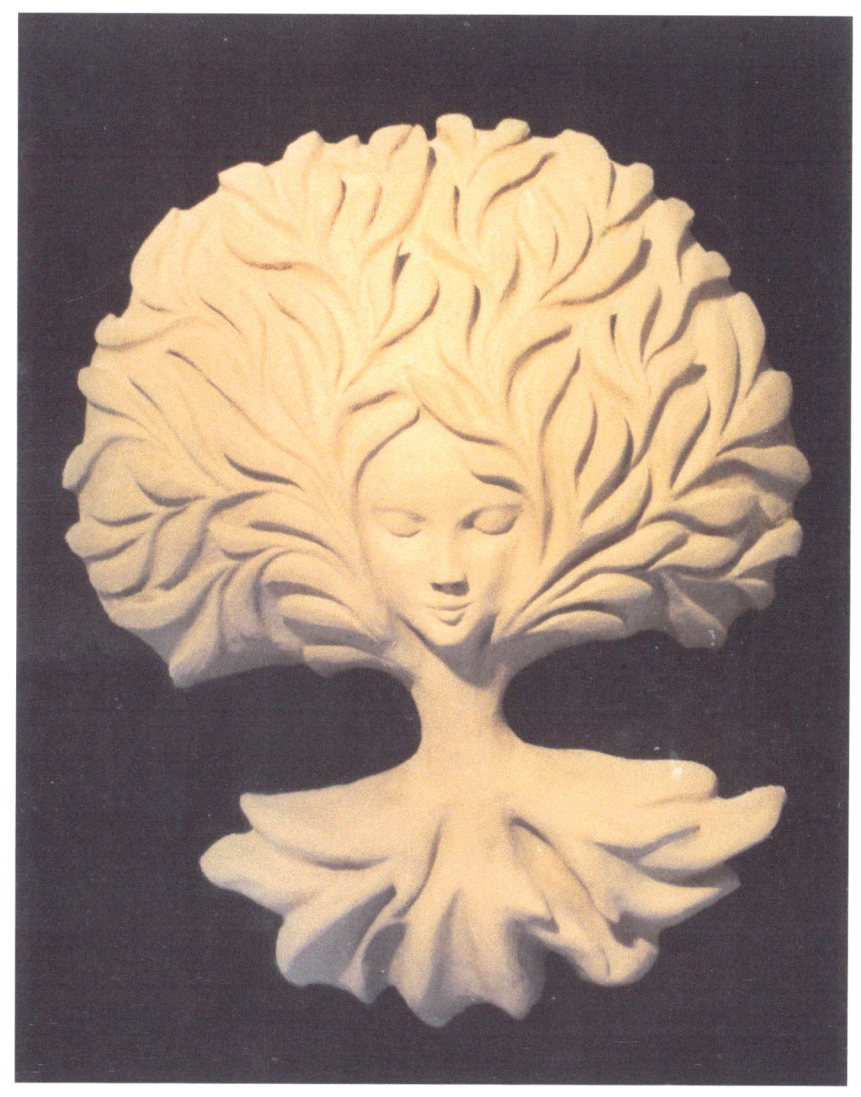

Dryade : Sérénité
Terre cuite, pièce unique
58 x 18 x 47 cm. 8,2 kgs. Prix B

Animaux divers en terre cuite émaillée

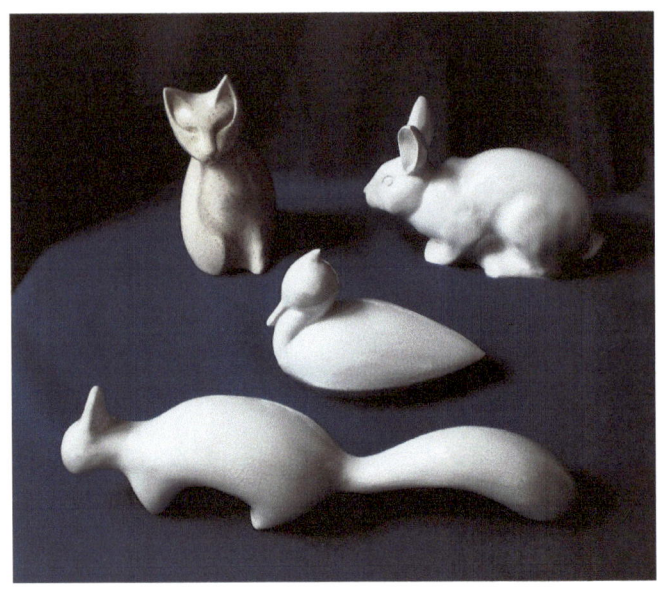

Petits sujets blancs
Pièces uniques
22-11 x 36-12 x 16-6 cm. 0,15-1 kg. Prix à l'unité A

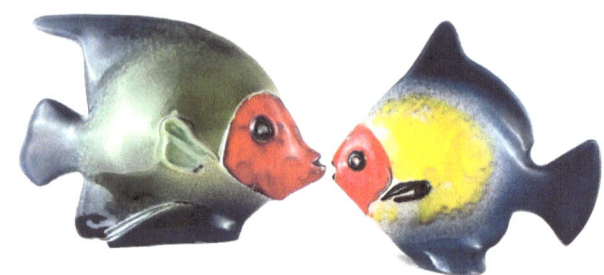

Petits poissons
Pièces uniques
23 x 21 x 10 cm. 0,43 kg. Prix à l'unité A

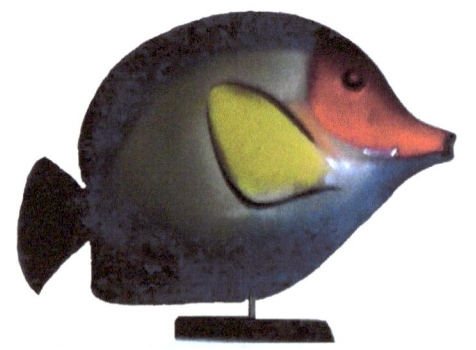

Grand poisson sur support
Pièce unique
26 x 23 x 9 cm. 0,75 kg. Prix A

Oiseaux
Pièces uniques
14-45 x 10-30 x 6-15 cm. 0,2-0,9 kg. Prix à l'unité A

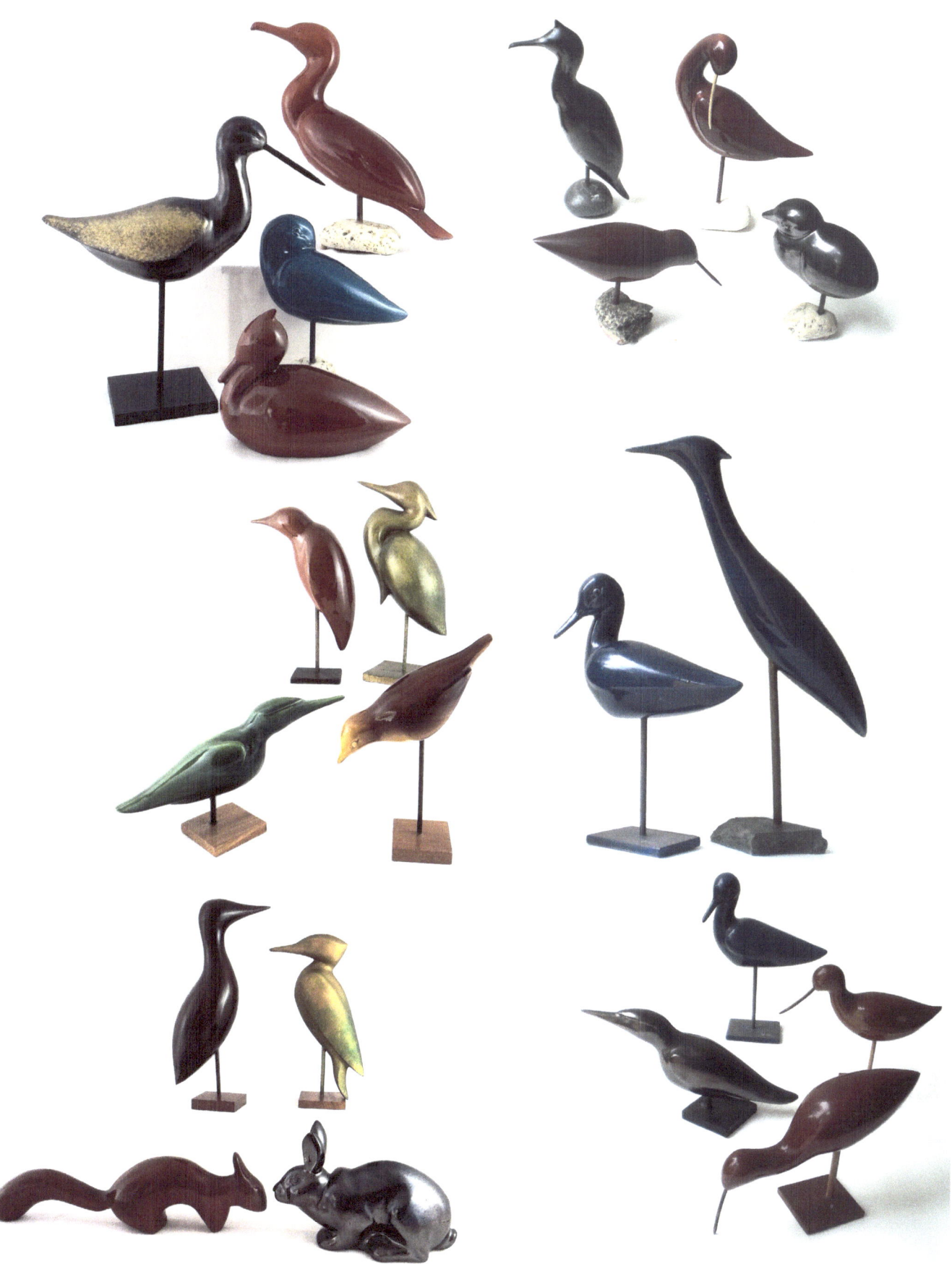

127

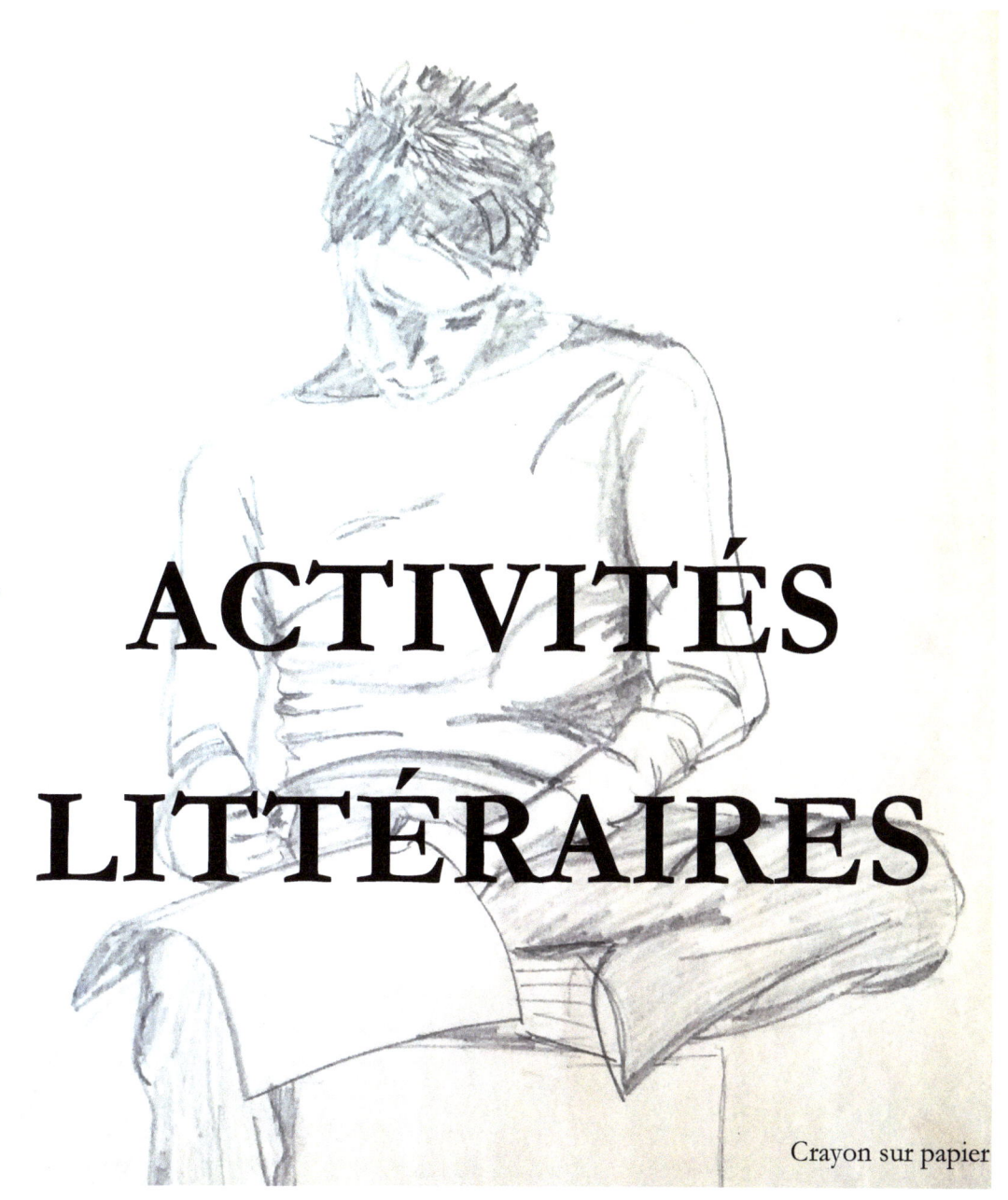

ACTIVITÉS LITTÉRAIRES

Crayon sur papier

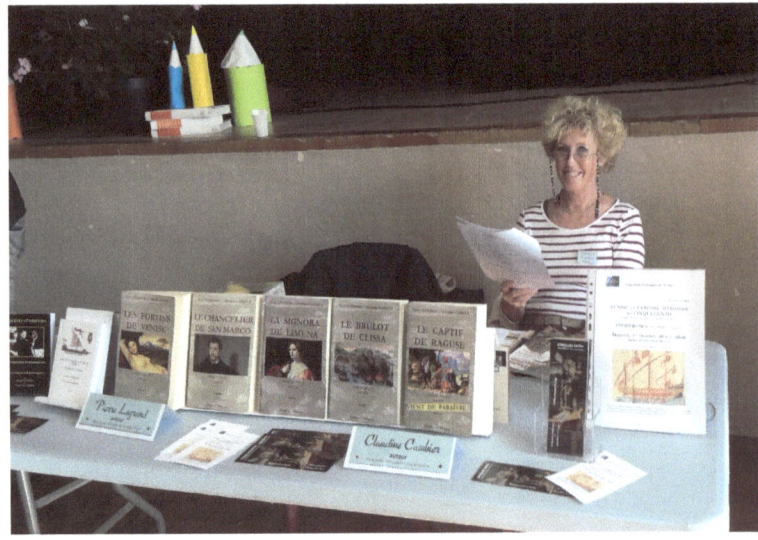

À une foire du livre.

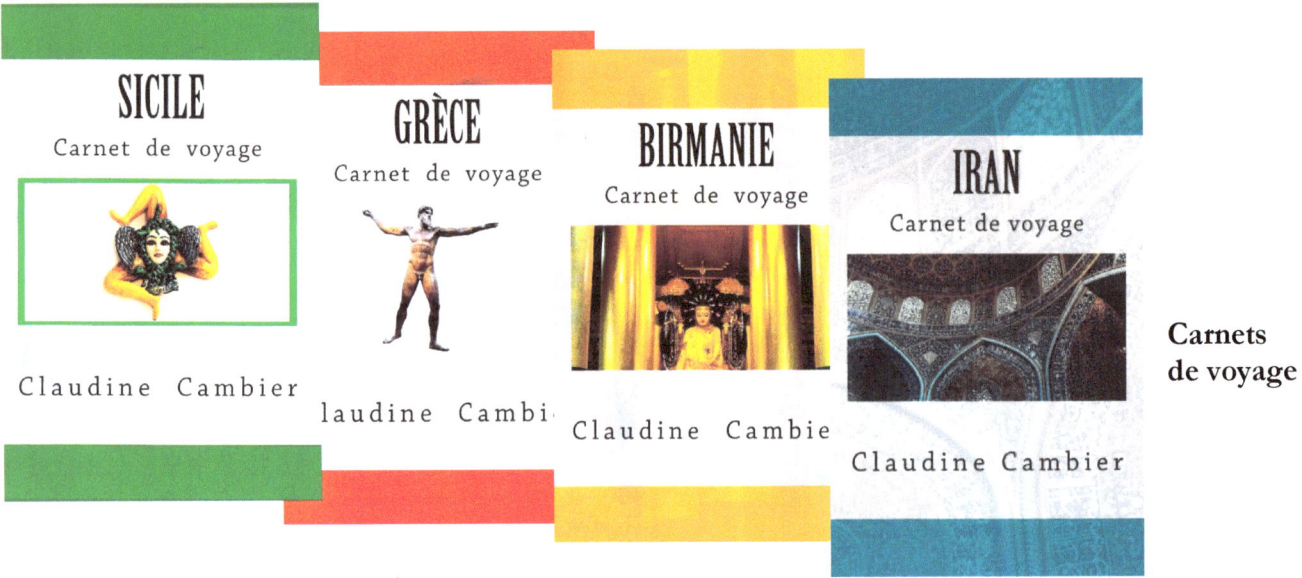

Carnets de voyage

Sur des scénari de Pierre LEGRAND

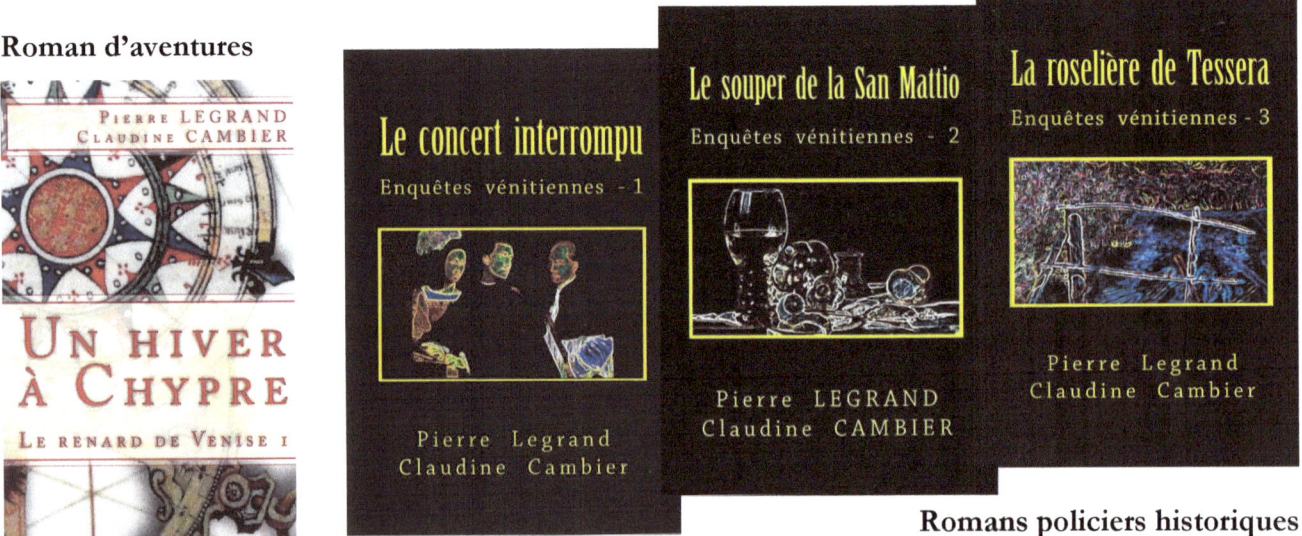

Roman d'aventures

Romans policiers historiques

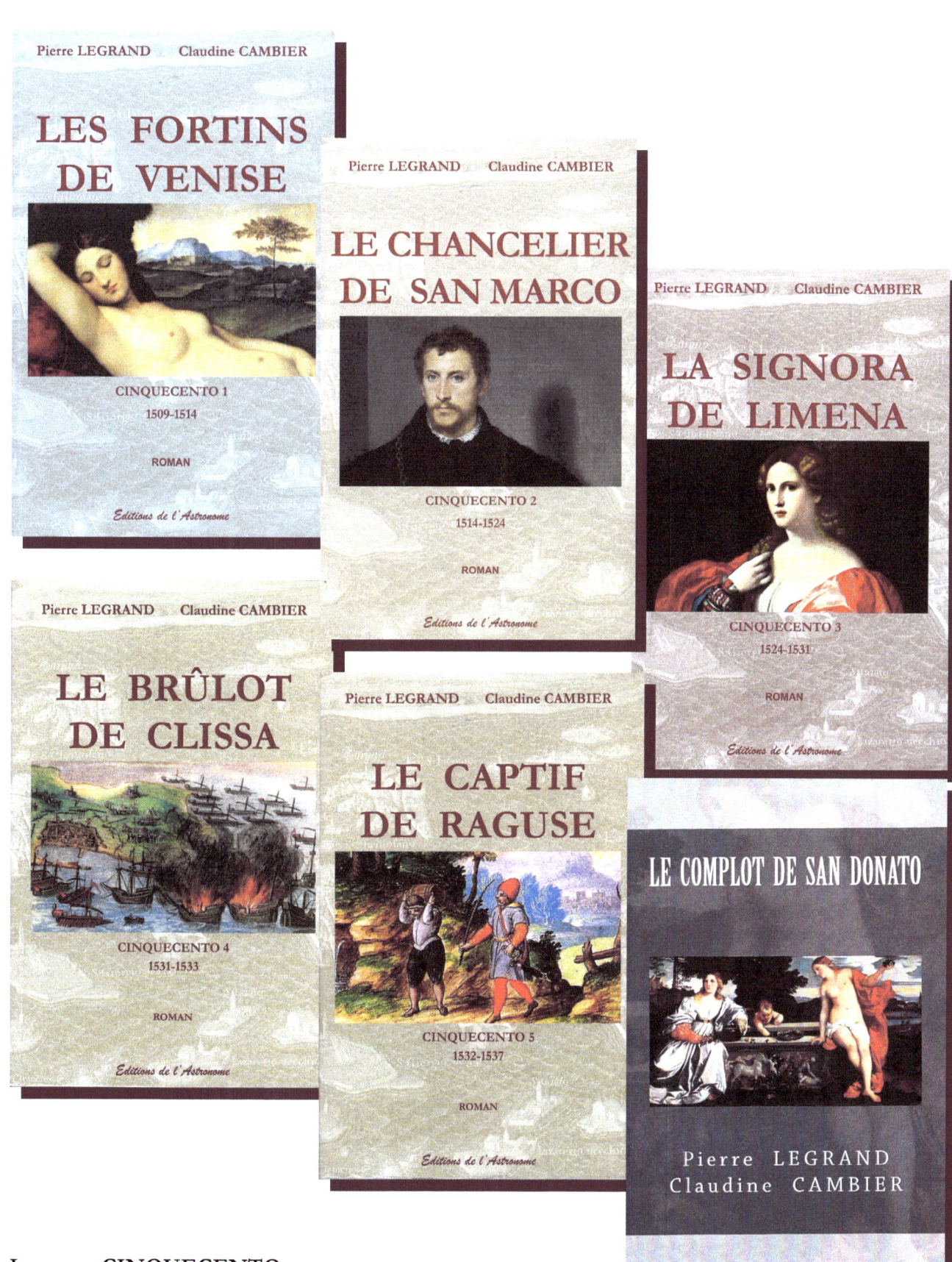

La saga CINQUECENTO

INFORMATIONS ET PRIX

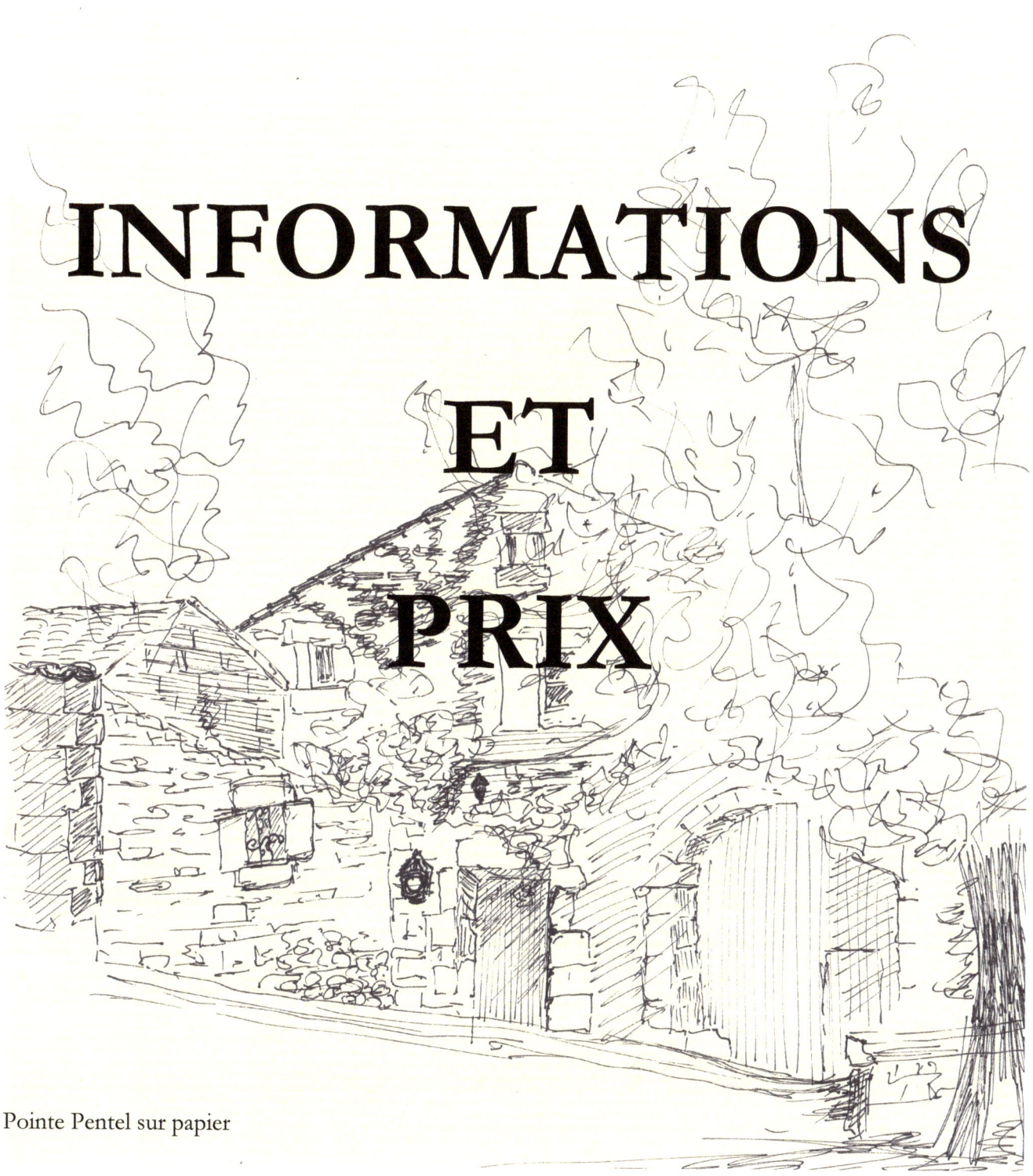

Pointe Pentel sur papier

DIMENSIONS
Les cotes sont données dans l'ordre suivant :
Hauteur, largeur, profondeur.

PRIX

En **Euros**, (TTC France et hors frais de port et d'emballage éventuels)
Selon l'index ci-dessous :

A : inférieur à 100
B : 100 - 250
C : 250 - 500
D : 500 - 750
E : 750 - 1.000
F : 1.000 - 2.000
G : 2.000 - 3.000
H : 3.000 - 4.000
I : 4.000 - 7.000
J : 7.000 - 10.000

REPRODUCTIONS

Les pièces non marquées "pièce unique" sont reproductibles par moulage dans différentes matières et donc à des prix différents.
Par exemple un bronze accompagné d'un index de prix H peut être reproduit en plâtre patiné pour un prix F ou G.

© Claudine Cambier, Bruxelles, février 2018.

Tous droits de traduction, de reproduction et d'adaptation strictement reservés pour tous pays.

ISBN : 978-2-930804-39-2

Imprimé à la demande par CreateSpace.
Dépôt légal (France) : Mars 2018.

Printed by CreateSpace
Available from Amazon.com and other online stores.

Site de sculptures: **www.claudine-cambier-sculptures.be**

Site littéraire: **www.cinquecento.be**

Courriel :
contact@claudine-cambier-sculptures.be

www.ingramcontent.com/pod-product-compliance
Lightning Source LLC
Chambersburg PA
CBHW051149220526
45473CB00003B/708